2016年度西南交通大学教材建设研究重点立项课题（数字化教材）
四川省哲学社会科学普及基地——“心理研究与咨询普及基地”推荐
成都市科普基地——“西南交通大学心理研究与咨询中心科普基地”推荐

积极与幸福心理学

主　编　宁维卫
副主编　张学伟　陈　华
参　编　程虹娟　王兴起　徐　建
　　　　罗　贤　廖　纯　高　燕
　　　　翟玮炜　刘　娣　马岳德

科学出版社
北　京

内 容 简 介

个人奋斗的最终目的在于获得幸福，但对于很多人而言，幸福似乎可望而不可即。其实幸福离我们很“近”，只要我们学会改变，树立正确的幸福观念。本书将帮助每一个寻求幸福的人，在面临压力时，学会调整心态，找准自己的人生坐标，确立积极自信的生活态度，充分挖掘心理潜力，改善社会适应能力，从而实现积极的人生价值。

本书适合青少年学生、家长及教育工作者阅读，也是促进民众心理健康发展的有益教材。

图书在版编目（CIP）数据

积极与幸福心理学 / 宁维卫主编. —北京：科学出版社，2018.6

ISBN 978-7-03-057886-0

Ⅰ. ①积… Ⅱ. ①宁… Ⅲ. ①普通心理学 ②幸福－应用心理学 Ⅳ. ①B84 ②B82

中国版本图书馆 CIP 数据核字（2018）第 127839 号

责任编辑：任俊红 程 凤/责任校对：郭瑞芝
责任印制：霍 兵/封面设计：华路天然工作室

科学出版社 出版
北京东黄城根北街 16 号
邮政编码：100717
http://www.sciencep.com

北京市密东印刷有限公司 印刷

科学出版社发行 各地新华书店经销

*

2018 年 6 月第 一 版 开本：787×1092 1/16
2020 年 8 月第二次印刷 印张：8 1/2
字数：208 000

定价：35.00 元

（如有印装质量问题，我社负责调换）

主 编 简 介

宁维卫，西南交通大学心理研究与咨询中心教授，国务院妇儿工委办公室“儿童工作国家智库专家”，教育部全国高校心理健康教育与咨询示范中心负责人，教育部全国高等学校心理健康教育专家委员会副秘书长，教育部心理学科类高校教学指导委员会委员，四川省哲学社会科学重点研究基地（四川心理健康教育研究中心）主任，四川省学术和技术带头人，四川省教学名师，四川省心理健康教育研究会会长，四川省灾后恢复重建专家组服务团成员，四川省人民政府妇女儿童工作委员会办公室聘“四川省儿童工作资源中心专家”，四川省哲学社会科学普及基地（心理研究与咨询普及基地）负责人，成都市科普基地（西南交通大学心理研究与咨询中心）负责人。

主持国家视频公开课《灾难教育心理学》，国家级精品课、国家精品资源共享课《青年心理学》，国家精品在线开放课程《当代青年心理学（一）认识青年篇、（二）青年身心发展篇、（三）青年自我认识篇》；主持中国大学 MOOC《走进心理学》《探索心理学》。

主持国家及省部级项目多项，2010 年“构建新世纪高校心理健康教育创新体系”获四川省教学成果一等奖（省政府奖），2010 年《大学生发展与健康心理学》获四川省第十四次哲学社会科学优秀成果三等奖（省政府奖），2012 年《灾难心理学——灾区学校青少年心理教育与危机干预》获四川省第十五次哲学社会科学优秀成果二等奖（政府奖），2013 年“全面提升大学生心理素质，构建国内领先心理健康教育创新示范体系”获四川省教学成果一等奖（政府奖），2014 年《灾后心理重建指南》获四川省第十六次社会科学优秀成果三等奖（政府奖），2014 年“全面提升大学生心理素质，构建国内领先心理健康教育教育创新示范体系”获国家级教学成果二等奖；2016 年《做阳光青年：心理健康导航》（专著）获四川省第十七次社会科学优秀成果三等奖（政府奖）；2017 年《构建全面提升与个性化培养相结合的六级联动心理健康教育创新示范机制》获四川省教学成果二等奖（政府奖）；2011 年率先在全国倡导“3·25”（善爱我）心理健康教育活动并得到全国高校及社会的积极响应，其成果《阳光 坚韧 创造 感恩——西南交通大学近 20 载大学生心理文化建设的探索与实践》获“第九届高校校园文化建设优秀成果特等奖”。

主持并创办西南交通大学“323”心理健康教育实验室，积极开展学校高水平心理教育实验室的探索与建设，在此基础上主持建设四川省实验教学示范中心、四川省哲学社会科学科普基地和四川省干部心理健康教育研究与培训基地与全国高校心理健康教育与咨询示范中心。

前　言

人类奋斗的最终目的在于获得幸福，但对于很多人而言，幸福似乎可望而不可即。其实幸福离我们并不远，只要我们调整好心态。

何为心态？心态就是对待事物的态度，犹如一种持续的惯性，导向一个方向，或光明或黑暗，或康庄大道或羊肠小道。拥有积极心态的人，内心阳光满满，能驱离心中的雾霾，让心灵得以放松与感动。

在竞争日益激烈的社会，我们每个人都切实感受到种种压力如影随形。压力并不可怕，关键在于我们怎样对待压力。只要我们积极调整心态，学会改变，就可以将压力转化为人生积极进取的动力。人的成长就是一个不断改变的过程——改变什么，怎样改变，却需要正确的思考。有些东西无法改变，如出身、家庭；有些却可以通过努力取得积极的效果，如改变懦弱的性格，改变错误的思维，改变不切实际的目标……

改变自我既需要勇气，更需要智慧。在物欲横流的社会，一些人不愿改变，迷失了自我，失去了生活的价值感，自然缺失幸福感。而“善爱我”是积极与正面的改变，是一种正面看待自己、他人和社会的态度。

我们坚信每个人都可以活出自信与精彩，拥有属于自己的幸福。但基本前提是对自我的精准认知与把握。幸福在于树立正确的观念。只要我们勇敢抛弃无益健康的错误观念，正确认识幸福与权利、金钱的关系，每个人都能拥有自己的幸福。只要我们勇敢改变看客心态，积极投身于火热的生活，迈着坚定的步伐向目标前进，就一定能感受到幸福。

正是这种积极与幸福的坚定信念，激励我们教学团队反复开会研讨，不断推敲凝练，完成本书。期待本书能给读者带来启迪与帮助。

本书由宁维卫提出总体框架思路，由张学伟负责协助和统稿。具体编写分工如下：第一章——西南交通大学宁维卫、王兴起；第二章——西南交通大学张学伟、高燕；第三章——西南石油大学罗贤、翟玮炜；第四章——西南交通大学徐建、马岳德；第五章——西南交通大学陈华、刘娣；第六章——成都理工大学程虹娟、廖纯。

宁维卫

四川省学术和技术带头人

四川省心理健康教育研究会会长

2018 年 5 月 25 日

目　录

第一章

幸福在于心态

虽然我们的物质生活日益丰富，但一些人却越来越缺乏幸福感，为什么呢？在很大程度上，这与人们对生命价值的认知与理解有关。只有深刻感悟到生命的不易、生命的可贵、生命的力量、生命的璀璨与壮美的人，才会真正尊重和敬畏生命：有生命价值感和积极人生目标的人，即使生活清淡、吃糠咽菜也会感到快乐；丧失人生的目标与动力的人，即使终日山珍海味也不会感到幸福。毫无疑问，由幸福泉水滋润的生命之花，会更加灵动与璀璨多姿。

因为幸福，我们的生命富有意义。幸福关乎未来与希望，关乎温馨与和谐，关乎友情与爱情，关乎家庭与事业。幸福决定一个人的生活质量与生命品质。

关于幸福，“仁者见仁，智者见智”。有人认为幸福就是拥有财富和权力，因而容易在物欲的追逐中迷失自我；有人认为幸福不是金钱，不是权力，而是踏实和平凡的生活；有人认为幸福就是找到理想的恋人，拥有一个“小小的家”；有人认为幸福就是远离名利场，保持淡泊乐观与悠然自得的精神状态……在壮阔的人生海洋中，人们做出不同的取舍，有人搏击奋进，有人观望等待……归根究底，幸福的关键在于对其真谛的领悟。

第一节　幸福是一种观念

一、幸福是积极观念的集合

（一）吸收生活中的积极观念

我们的生活并不总是波澜不惊。偶尔会涟漪阵阵，甚至心灰意冷，但只要我们有一双善于发现的眼睛，就会发现积极观念就近在眼前。

1. 学会改变

学会改变首先要从对事物的评判标准开始，正如我们从小耳熟能详的寓言故事“塞翁失马，焉知非福”传递的观念一样，好与坏并不是静态存在的，而是会动态变化的，因此如果我们改变不了事情本身，就要改变对事物的态度。态度变了，事情也许就会改变。其次，从自身开始改变，良好的个人形象是成功的基础，干净的面容、得体的穿着、沉稳的声音、健康的形体在提升自己价值的同时也会增强个人的信心；学会从不同角度看问题，如多从对方的角度思考问题，更多地考虑客观事实本身等；学会得体地使用赞美和倾听技巧建立良好的人际关系，吸取集体的力量和智慧；坚决改掉坏习惯。再次，从小事开始改变，养成良好的习惯，如每天坚持 15～30 分钟的阅读；争取学以致用，在实践中提高自己；坚持日事日毕、日清日高，坚持每天进步一点点，持之以恒就会达到难以置信的高度。最后，从此时开始改变，心动不如行动，改变必须立即开始，用发展观解决行动中的难题，而不是拘泥于对可能出现困难的恐惧。

2. 善于摆脱烦恼

无论处于何种情境，生长于何种环境，我们都难以逃避烦恼的骚扰。烦恼来时，与其快速切割也是幸福常驻的法宝之一。首先寻找乐观的人待在一起，融入他们的生活中；多看别人的优点，拿自己的优点和别人的缺点相比不仅是不谦虚，更是自寻烦恼；转移注意力；找朋友倾诉；避免带有情绪的决策；压力太大时要学会适当让步；逆境中学会微笑，做到失意不失志。最后也是最重要的就是做到宠辱不惊，这是摆脱烦恼的最坚固防线。

3. 设定目标采取行动

清晰的目标是事业成功的关键，有目标方能直行千里。如果没有清晰的目标，我们的人生就会陷入漫无目的兜圈子的尴尬境地。目标知识的欠缺通常会阻碍我们确立目标、规划未来。

制定目标应采用“跳一跳摘桃子”原则。目标不能唾手可得，因为容易使人丧失动力；也不能过于高远，打击自信。把大目标分解成小目标，一个小目标实现后，继续向下一个小目标前进。

（二）体味幸福观念

幸福观念对人生方向的指引是通过其担当幸福标准实现的。人生方向，对主体影响极大，甚至可以改变一个人的前途与命运，因而，树立科学的幸福观念尤为重要。在现实生活中，幸福观与行为之间的关系是非常复杂的，幸福观转化为行为还要具备一定的外部条件和内部条件，另外，二者的联系并非总是直接的，要通过态度、动机、物质条件等因素作为中介相联系。因此，我们要具体分析幸福观及在这一观念指导下的行为效果，只有这样才能得出科学的结论。同时，幸福观具有一定程度的自发性，幸福观教育如果能充分利用人的自发性，并注意将自发性转化为自觉性，人就会把自身的终极追求同现实条件及其未来成就联系起来，形成一种具体的发展方案，最终全力以赴去实现自己目标。此时，幸福观的这种目标导向作用就不仅是幸福观教育的自为行为，而是成为受教育者的自觉行为。现实生活中，人之所以能历经坎坷、步履维艰却矢志不渝，甚至以苦为乐，正是源于对幸福的不懈追求。幸福观激励着人实现一个又一个目标，战胜一个又一个困难。

幸福观一经形成就具有相对稳定性，同时也具有鲜明的价值取向。它就像人们思考的工具，无孔不入、无微不至地渗透到生活的方方面面，其影响范围远远大于理论形态的东西。随着社会的变化和自身需求的改变，幸福观也会处于不断的整合之中。一方面，不断提升符合自身需要或自身发展的新的幸福观念，而舍弃与自身不一致或旧的幸福观念，这样，新的幸福观念不断出现，旧的幸福观念不断舍弃，推动着人的幸福观由低级向高级发展。另一方面，努力确立体现自身利益要求的主导幸福观。活动主体确定了行为目标，就可以从总体上确定人的价值选择和价值取向，在总体上规划自己的行为，自我教育、自我管理，使不同内容的幸福观达到较高的一致性，从而在总体上获得较高、较全面的价值实现，使个体的价值理想较顺利地实现，推动人自身不断趋于完善。

善爱我是
一种智慧

拓展资源

幸福在于一种观念——三种典型性大学生心理解析

西南交通大学开设了“就业心理指导”课，主讲教师是学校心理健康教育与研究部的宁维卫。宁维卫认为，自我设计不明确、期望值太高是目前学生的普遍心理。“去年学校某系的学生签约率很低。他们院长说，一两千块钱的工作有啊，但学生们不要。他们为自己设置的底薪是3000元。学生也有自己的道理：这门专业成本太高，3000块并不过分。所以我常说，没有完美的选择，失败也是学习。放在人生这个平台上，只要能不断进步就是好事。”

从1991年在学校做第一场大学生恋爱心理讲座开始，宁维卫讲这门课已有12年历史。“以前重点在于传播性知识。1997年开始放青年性心理教学片，因为好多学生进校时连基本常识都不太清楚。现在学生了解性知识的渠道多了，我把恋爱心理纳入了人格教育。”“性开放达到一定程度，必然会回归。美国这两年掀起了童贞运动，现在已有两百多万人加入，宣誓婚前不与人发生性行为。”

性解放的另一面就是性禁锢。“我常对学生讲，你们俩恋爱了，发生关系了。表面上像是解放了，其实是禁锢。因为解放意味着选择面的增大，你们俩四年到头，可能就认识了他或她，交友面实际是缩小了。”

宁维卫坚持创新教育一定要成为心理教育的重要内容。创新不一定是要搞发明。叫你在半个月内靠一百块钱生活，你能活得滋润，就叫有创意。每年双选会都是用人单位设展台，学生挤着去报名。去年某高校有个毕业生就自己设了一个展台，让用人单位去找他，这也叫有创意。创造的过程可以调动人全部的注意力，磨炼心智，而且可以改变观念；而幸福就在于一种观念。

资料来源：四川日报，2003年11月17日，有节选

二、积极心态是优秀个性品质的集合体

（一）六大美德铸造积极心理

心理学研究者尤其是积极心理学研究者着力研究哪些优势品质最有利于人类发展。研究者通过对人类积极心理品质的内容和结构的分析与划分，最终确立了 24 个为人们所广泛认可的人格特质，并把它们划分为六大维度，命名为六大美德力量，并适用于不同的文化背景、不同的年龄阶层。

1. 智慧与知识

智慧与知识指人们获得和应用知识的认知优势。它包括人类进步和发展的动力来源——好奇心，人类进步的阶梯——热爱学习，人类特有的综合性本领——创造力，以及开放的心智和独特的洞察力等。

（1）好奇心表现为你对世界的好奇和情趣，对任何事都感到好奇：你经常发问，对所有话题和题目都感到着迷；你喜欢探索和发掘新事物。

（2）热爱学习表现为不管是在课堂上还是自学，都喜爱学习新事物；喜爱上学、阅读、参观博物馆和任何有学习机会的地方。

（3）创造力表现为一个人有创造力、独立性和完整性，以及开放胸襟，能够想出新方法做事是一个人拥有的重要特质；对于一件事，如果有更好的方法，决不会满足于用传统方法去做。

（4）开放的心智表现为一个人有判断力、批判性思维和原创力。能从多角度思考和考证事物，是一个人具有的重要特质；不会妄下结论，只会根据实际的证据做决定；能够变通。

（5）独特的洞察力表现为一个人能摆脱已有的经验束缚，直接发现事物的内在本质。自己不认为自己有智慧，但你的朋友却认为有；朋友重视你对事物的洞察力，并向你寻求意见。你对这个世界的看法，无论对于自己还是别人来说，都具有意义。

总体说来，智慧和知识包括社会智慧、个人智慧、情绪智慧。也就是说你明白别人的动机和感受。在不同的社交场合，你知道该做什么，也知道要做什么，才能使其他人感到自在。

2. 勇气

勇气是人类的情绪优势，指面临个体外部或内部对抗力量或障碍时誓达目标的意志和决心。这包括人类美德高峰的勇敢、矢志不渝的坚持不懈、实事求是的真实性及旺盛的生命力。

（1）勇敢表现为英武、勇敢和勇气：无所畏惧，绝不会在威胁、挑战、困难或痛苦前畏缩；即使面对反抗，仍会为正义大声疾呼；会根据自己的信念而行动。

（2）坚持不懈表现为坚持性、努力、勤奋和坚毅：努力完成自己开展的工作，即使难度很大，也会尽力准时完成；工作时，不会分心，而且在完成工作的过程中获得满足感。

（3）真实性表现为正直、诚实、真实：你是个诚实的人，不只说实话，还会以真诚和真挚的态度生活；你是个实事求是的人，不虚伪，是个“真心”的人。

（4）生命力表现为兴奋、充满干劲地面对生命；做事不会半途而废或失去干劲。

3. 仁慈和爱

仁慈和爱是人际交往的品质，涉及关心和帮助他人，包括仁慈善良慷慨和爱与被爱的能力。

（1）仁慈善良慷慨是指你对别人仁慈和宽宏大量，别人请你做事，你从不推搪；你享受为别人做好事，即使是那些人和你交情不深。

（2）爱与被爱的能力：你重视和别人的亲密关系，特别是那些互相分享和关怀的关系；那些给你最亲密感觉的人，他们同样感到跟你最亲密。

4. 正义

正义是指文明的品质，涉及精神、公平和领导能力。

（1）精神是指责任、团队精神和忠诚，指公民之间的关系、公民的权利和义务、团队精神。忠诚是指作为团队的一分子，你的表现突出，是个忠心和热心的队员；你对自己分内工作负责，并为团队的成功而努力。

（2）公平是指平等、正义；对所有人公平，是你坚持不变的原则；你不会因为个人的感情，而影响你对别人作出有偏差的判断。你给予每个人合规平等的机会。

（3）领导能力是指你在领导方面表现出色，你鼓励组员完成工作，令每名组员有归属感，并能维持团队的和谐；你在筹划和实践活动方面表现良好。

5. 修养与节制

修养与节制是指谨慎处世的品质，包括自我控制、谨慎小心，以及适度和谦虚。

（1）自我控制是指自我控制和自我管理，你自觉地规范自己的感觉与行为，是个自律的人；你对自己的食量和情绪有自制力，不会被它们支配。

（2）谨慎小心是指你这个人很小心，选择也是一贯的审慎；你不会说些将来会令自己后悔的话，或是做令自己后悔的事。

（3）适度和谦虚是指你不追求别人的注视，比较喜欢让自己的成就不言而喻；你不认为自己很特别，而你的谦逊是公认和受重视的。

6. 心灵超越

心灵超越是指个体与整体人类相联系的品质，包括欣赏美与完美、感谢感恩、希望乐观、宽恕怜悯、风趣幽默及热情。

（1）欣赏美和完美是指对美、卓越的敬畏、欣赏和领会：生命中的一切一切，从大自然、艺术、数学、科学以至日常生活体验，你都有注意到和欣赏到其美丽、优秀和富技巧之处。

（2）感谢感恩是指你留意到发生在自己身上的好事，但从不会视为理所当然。由于你常常表达谢意，你的朋友和家人都知道你是个懂得感恩的人。

（3）希望乐观是指对未来充满期望：你对未来有最好的期望，并为此努力达成心愿；你相信未来掌握在你手中，心灵上有目标和信仰、精神追求、对目的的观念，你对崇高的人生目标有着强烈贯彻的信念；你知道自己怎样在大环境中作出配合。你的信念塑造了你的行为，也成了你的慰藉之源。

（4）宽恕怜悯是指你宽恕那些得罪你的人，也经常给别人第二次机会。你的座右铭是慈悲，而不是报复。

（5）风趣幽默是指你喜欢大笑和逗别人开心。对你来说，为别人带来欢笑很重要。在任何情况下，你都尝试去看事情轻松的一面。

（6）热情是指热心、激情、热情、精力充沛。

（二）美德是幸福的原动力

美德是通向个人更好生命存在的不可或缺的途径。幸福是发挥某种能力的结果，这种能力是人与本性的同一，通往美德的道路也就是通往幸福的道路，达到美德的道路是通过积极地促使人充分地利用他的力量。能力与美德同一，无能则与罪恶同一。幸福本身不是目的，但却是伴随着能力增长的经验，而无能则为沮丧所陪伴。弗洛姆把人的本性界定为矛盾，并由此产生了人的各种需要。

因此，对这些需要的反应是人的本性的一部分，人的反应存在着善与恶两类可能，它们分别表现出相应的性格结构，可以证明人的潜在的成长和展开是善的反应，并且是伦理的标准，人是否真正拥有按照人道主义伦理塑造自己生活的能力，直接决定了人是否幸福。伦理学家石里克曾经提出获得幸福需要具有“接受幸福的能力”，即“唤醒心灵，并接受通往最高快乐的能力和方法。”

充分发挥自己的优势，建构自己的优势与美德，并把它应用到每天的生活中。一个喜欢成就的人可以通过潜心追求某一重大人生目标或者参加竞技性体育运动来提升自己的幸福水平;一个富有创造力的人可以用图画和文字这种有创意的形式来感受喜悦。

但是现实生活却告诉我们，获得幸福的能力培育不能为品德教育所替代，有德并不意味着就有福，幸福与品德并不同一，德性是获得幸福的必要条件和重要前提，但是只有德性，还不足以获得幸福。幸福是主客观因素相互配合和作用的结果，获得幸福的能力之培育是一个复杂的系统工程。实际活动中的能力发挥在幸福的实现中起到了关键作用，离开实现活动，空谈幸福是不切实际的。幸福分为三种类型，即积极愉悦的幸福、自我实现的幸福及自我扩展的幸福，如何依据自身的条件实现这三方面要素的满足，获得美好人生，需要个人付出极大的努力，不断探索和发现属于自己独特的途径和方法。

三、用积极心态面对世界

（一）正视现实是智慧的表现

生活和工作中不可能没有挫折和消极因素，牢骚和抱怨并不能让情况变得更好，反而使我们的心态变得更糟，负性的心态像霉变的食物，会诱导后续的事件朝更负性的方向发展。

我们需要学习建设性的表达、思考和行为方式。所谓建设性，是与破坏性相对立的，建设性的方式以维护和保证所涉对象朝改善和完满的方向努力为基点，而不是以“促退”“破坏”为动机。抱怨常常伴随怨愤情绪，诱导出破坏性的氛围；而建设性的表达，并不否定负性事件中消极的一面，但是立足于促进、改善和建设的基点。

让建设性的思考、表达和行为方式成为习惯，可以帮助我们成为正能量的人。

（二）对自己负责是成功的开始

成败是人生的重要话题，它与心态有很大关联。凡是在这点上过不了关的人，一定会遭遇大挫折，这是硬道理。甚至可以说，做人的心态，既影响一生，也决定一生。很多人明白这点，但行动起来却非常困难，以至于半途而废，结果让人生的可能变为不可能。

做人的基本原则是对自己负责、对别人负责，不轻言失败，因为世上难事，不可尽数，你的困难，也是别人的困难，战胜困难，是唯一的选择，这就需要你拥有一个积极的心态。天下失败者都可归为一种：自己放弃自己，自己毁掉自己。在今天这个竞争异常激烈的社会，没有做人的积极心态，谈立足几乎是天方夜谭，如果让消极的心态纠缠自己，只能让自己越来越灰色。改变自己一生的法则，往往不在于能力大小、环境好坏、机遇多少，而在于你以什么样的心态做人、做事。找准自己的强项与弱项，扬长避短，善待自己，就会找到出路。

人生旅途，总会有许多不如意，倘若总保持痛苦压抑、烦躁的心态，那么在漫漫人生路上就看不见旖旎的风景，听不到美妙的乐章。只要我们用积极的心态去面对所有的不幸，那么心灵深处的潜力就会被激发出来，从而坦然接受现实，并努力去改变它。这个世界就会绚丽多彩，而不再是清冷郁闷、悲观失望。很多时候，我们都是因为钻牛角尖，从而走进心灵的死胡同。把简单的问题看得太复杂、太悲观，也因此增添了许多无谓的烦恼。与其无谓哀叹，不如换一种思维，想想失去了的，并不一定是自己不可失的，也许未来会有更称心如意的。一帆风顺是对人生的一种美好期待。“人生难逢开口笑，不如意事常有八九”，忧愁烦恼、挫折不幸在所难免，但切不可沉溺其中。我们需要的是尽快调整心态，以积极的行动来改变生活。幸与不幸，没有标准，它只是一种心态……无论在什么情况下，只要你觉得是幸运的，那么你就是幸运的。当我们不富有时，想想我们拥有健康和和睦的家庭；当我们婚姻不幸时，我们不要深陷痛苦，要想到幸好跳出了这不美满的婚姻，前面一定会有一段适合自己的感情需要我们去发现。别把不幸置于显微镜下无谓放大，让不幸的感觉把你带进绝望的深渊，沉湎于其中不可自拔。只有坦然面对，用积极的眼光去看它，未来的路才会越走越顺畅。

一个人能飞多高，并非取决于其他因素，而是取决于自己的心态。我们的心态在很大程度上决定了人生的成败。那么，如何才能培养积极心态呢？可以尝试从下几个方面做起。

1. 言行举止像你希望成为的人

许多人总是等到自己有了一种积极的感受再去付诸行动，这些人在本末倒置。积极行动会导致积极思维，而积极思维会导致积极的心态。从开始就积极行动起来，去努力成为你想成为的人，心态自然就跟着积极起来。

2. 要心怀必胜、积极的想法

当我们开始运用积极的心态并把自己看成成功者时，我们就已经开始走向成功了。要想收获成功的人生，就要当个“好农民”。我们决不能仅仅播下几粒积极乐观的种子，然后指望不劳而获，我们必须不断给这些种子浇水，给幼苗培土施肥。要是疏忽这些，消极心态的野草就会丛生，夺去土壤的养分，直至庄稼枯死。

3. 用美好的感觉、信心与目标去影响别人

随着你的行动与心态日渐积极，你慢慢就会获得一种人生美满的感觉，信心日增，人生中的目标感也越来越强烈。紧接着，别人会被你吸引，因为人们总是喜欢跟积极乐观者在一起。运用别人的这种积极响应来发展积极的关系，同时帮助别人获得这种积极态度。

4. 使你遇到的每一个人都感到自己重要、被需要

每个人都有一种欲望，即感觉到自己的重要性，以及别人对自己的需要与感激。这是我们普通人的自我意识的核心。如果你能满足别人心中的这一欲望，他们就会对自己，也对你抱积极的态度。一种你好我好大家好的局面就将形成。正如美国 19 世纪哲学家兼诗人拉尔夫沃尔多爱默生说的：“人生最美丽的补偿之一，就是人们真诚地帮助别人之后，同时也帮助了自己。”

做到以上几点并不难，关键在于你是否想做和坚持下去。我们知道，成功人士与失败者之间的最大差别就是：成功人士始终用最积极的思考、最乐观的精神和最辉煌的经验支配和控制自己的人生。失败者则刚好相反，他们的人生是受过去的种种失败与疑虑支配的。说到底，如何看待人生、把握人生由我们自己的态度决定。

第二节　每个人都能把握自己的幸福

一、控制情绪享受幸福

（一）情绪需要管理和控制

情绪就是个体对环境中的信息进行短时或持续的评价而产生的生理、心理等反应。一般来说，我们通过对喜、怒、哀、乐等基本情绪类型的了解来理解情绪。当然，我们对情绪的理解还可以通过效价、唤醒度两个基本的维度进行探讨。其中，效价是指情绪的正性、负性；唤醒度则是指该情绪引起个体的生理唤醒程度。

在生活中，除了了解喜、怒、哀、乐、惧等基本情绪类型，我们经常会提到积极情绪和消极情绪。积极情绪是指正面的情绪，比如喜悦、自豪、感激、舒心、兴趣、快乐等；消极情绪就是指负面的情绪，比如愤怒、烦闷、不安、失意、厌倦、痛苦、恐惧等。

要对情绪进行管理，就需要了解情绪是如何产生的。从现有的文献来看，情绪的产生主要有三种机制：先天进化的结果、认知评价的结果、他人感染的结果。

1. 情绪是由先天遗传决定的，是进化的结果

喜、怒、哀、乐、惧等基本情绪是人类进化的结果。人惧怕蛇、蜘蛛等都是正常的社会现象。因为这对于人类的生存来说非常重要。如果我们丧失了这种能力，那么生命就会受到威胁。从这个意义来说，我们应该感谢自己拥有的情绪体验和表达能力。

2. 情绪是认知评价的结果

不少学者认为，情绪是个体认知评价的结果。最为著名的艾利斯情绪 ABC 理论和拉扎鲁斯认知评价理论都认为，压力情境并不一定会带来消极的情绪，关键在于个体是如何认知这个事件的。比如，尽管人人都会惧怕老虎，但是听到虎啸声并不必然会让我们恐惧。如果在自然森林中，我们可能会选择快速逃离；如果在动物园中，我们还是可以闲庭信步、悠然自得的。这是为什么呢？因为我们对虎啸声的认知评价不一样。对于前者，我们觉得是一种威胁，生命堪忧；对于后者，我们觉得很安全，因为有护栏。

3. 情绪是受到其他个体或群体感染而来的

情绪有时候是由外在刺激引发的，尤其是他人的情绪感染而来的。现实生活中不乏真实的案例。比如，我们看球赛，看到后半场的时候也许会觉得没劲，自己都想睡觉，但是如果有几个好朋友聚在一起，那么你会发现，情绪会高涨，越看越兴奋。在参加群体活动的时候，有时候我们都没有明白怎么回事，就发现自己不自觉地开始情绪高涨起来。平时自己很腼腆，但是当着众人的面，却高歌了几曲。

（二）情绪在生活中扮演着重要的角色，改变了我们的生活

无论是积极情绪，还是消极情绪，都对我们的生活产生了重要的影响。

当感受到愤怒、烦闷、失意、厌倦、痛苦、恐惧时，我们可能会主动逃避这些体验。因为这些消极情绪是我们在生活中想回避的。有一项心理学实验就表明，消极情绪会让我们罹患心血管疾病的风险增高。这项实验共招募了 173 名成年志愿者。志愿者在实验中完成 1000 连续减 7 的心算任务，做得又快又好的志愿者将会获得 50 元的奖励。同时，实验还对心算过程施加干扰。实验前后及进行过程中都记录下志愿者的心率、舒张压、收缩压。结果显示，忧伤的志愿者表现出较高的消极情绪体验和情感抑制，具有罹患心血管疾病的危险性。

情绪其实没有所谓的“正面”情绪和“负面”情绪。任何情绪都有其存在的依据。大家可以试想一下：我们要是没有“担心”，如果夜深了，年老的妈妈还没有回家，这会是什么情况？我们要是没有“恐惧”，如果听到地震即将来临，继续若无其事地整理桌面，这又会发生什么？我们要是无法“伤心”，如果看到感人的场景不会感到伤心，也不会感时伤怀，又该怎样应对？所以，消极情绪也有存在的必要。

在生活中，许多人会认为情绪是一种无关紧要的、暂时的状态，任其自然发展。

一般认为，情绪差一点，过一会就会好一些。很少有意识地进行控制与调节。但是现实生活一次又一次地告诉我们：如果不能调控好自己的情绪，对情绪进行疏导、调节与控制，往往会产生难以预料或不可挽回的结果。所以，我们要学会情绪管理，也就是控制、调节和疏导消极情绪，培育以积极情绪为目的的技术和方法。当然，情绪管理不只是控制、调节和疏导消极情绪，积极情绪也需要管理。缺失了消极情绪，我们会变得轻狂、不踏实；缺失了积极情绪，我们则会陷入痛苦的泥潭之中难以自拔。

情绪管理的终极目标就是要使积极情绪与消极情绪达到最佳情绪配比率。

（三）情绪管理的关键是情绪调节

如果从情绪发生的过程来看，情绪调节就可以从选择情境、改造情境、转移注意、改变认知、调整反应五个方面进行。

1. 选择情境

任何情绪都离不开一定的诱因或情境。如果我们时刻关注情绪的诱发情境，就容易被引发的情绪控制，难以平抑内心的情绪。但是不要忘记：我们可以选择环境，或者回避压力情境。如果在工作中出现强烈的负性情绪，那么可以选择更换工作环境。

2. 改造情境

不管处于什么样的负面情绪中，都要先中断目前的情绪，跳出现在的困境，让自己先冷静一下。然后改造或修正情绪发生的情境，从而改变对事情的认识，缓解情绪反应。

3. 转移注意

把注意力从引起不良情绪反应的刺激情境中，转移开来。例如，看电影，打打球，下盘棋，找朋友聊天，特别是购物或打扫卫生更有助于改善心情，寻找到新的快乐。如果在办公室中感受到压力过大，无法安心工作，可以通过整理办公桌转移注意，缓解压力。

4. 改变认知

正如前面所提到的，改变认知，就会改变对事件、情境的反应。改变认知，首先要澄清不合理的思维模式及推理，纠正不合理的思维。其次，可以改变自身的语言结构。最后，也可以不断地对自我暗示：“我一定能行”“不要紧张”“不许发怒”等。

5. 调整反应

过分压抑只会使情绪困扰加重，而适度宣泄则可以把不良情绪释放出来，从而使紧张情绪得以缓解、轻松。发泄的方法，如大哭、剧烈运动（跑步、骑行、打球等）、放声大叫或唱歌、向他人倾诉等。

当遇到压力，我们往往都会有意或无意地进行情绪调节，力图达到“回避或减少消极情绪体验，增强积极情绪体验”的目的。我们可以从三个方面通过情绪调节，获得积极的情绪体验。首先，从应对压力的角度来看，以解决问题为中心的调节优于以缓解情绪为中心的调节。其次，从情绪调节发生的时间点来看，在情绪尚未出现之前进行的调节优于情绪激活后进行的调节。再次，从结构角度来看，积极的调节策略（比如，积极调整、积极设想、问题解决）要优于消极的调节策略（如自责、灾难化、沉思默想、责备他人）。选择恰当的调节策略有助于缓解压力。

（四）积极情绪能够维持幸福的连续性

高兴、快乐、兴奋，我们每一个人都希望能够天天体验到。这可能是我们人类的本能需求。同时，现代心理学的实验也发现，同情等积极情绪是先天遗传习得的。除此之外，我们追求积极情绪还有三点重要的原因：一是积极情绪扩展了个体瞬间思维行动序列，具有长期的和间接的适应价值。当一个人处于积极情绪状态时，就会在瞬间开阔自己的思路，在解决问题的时候，能够找到更多的应对方法和社会支持，进而提升自己的生命质量。并且这种状况是一个螺旋上升的过程。个体一旦进入这个循环，生命质量将会不断得到提升。二是积极情绪能够增强个体的免疫力。曾经有一项研究发现，拥有积极情绪的人不容易生病。即便是接种安全的感冒病毒，拥有积极情绪的志愿者罹患感冒的可能性较低。三是积极情绪有助于人际交往。这其实在日常生活中我们也能够轻易地发现这样的现象。就是在一个聚会上，如果一个人幽默，会讲笑话，那么参加聚会的人都会将目光聚焦在他的身上，几乎所有的人都会趋向这个人。

积极情绪可唤醒个体的内在创造力，促使个体励志，激发内心正能量。唯有从内心深处展开的力量，用心灵体验总结出的精华，才是个体真正获得尊严和自信的途径。积极情绪体验可以通过多种渠道实现，比如体育锻炼、影视励志、音乐励志等方法。

心理学促进幸福成长

拓展资源

影视与音乐励志

音乐与影视何以励志呢？其实自古音乐便是疗愈的良方，孔子创作《猗兰操》抒发豪情壮志。在音乐中个体可以产生共鸣，从而实现自我。励志影视具有故事情节，剧中人的各种励志故事可唤醒个体对自身的思考。

励志音乐清单：苏佩《轻骑兵序曲》、奥芬巴赫《天堂与地狱序曲》、贝多芬《命运交响曲》、亨德尔《快乐的铁匠》、卡尔奥福《布兰诗歌》、穆索斯基《展览会之画组曲》、贝多芬《英雄交响曲》、拉赫曼妮诺夫《c小调钢琴协奏曲第2号》、哈察都量《剑舞》、李斯特《钢琴协奏曲第1号》等。

励志电影清单：《阿甘正传》、《幸福终点站》、《弱点》、《天狗》、《社交网络》、《8英里》、《肖申克的救赎》、《天堂电影院》和《激战》等。

（五）养成正向认知的习惯，保持乐观情绪

乐观的人处处可见“青草池边处处花”“百鸟枝头唱春山”；悲观的人时时感到“黄梅时节家家雨”“风过芭蕉雨滴残”。一个心态正常的人可在茫茫的夜空中读出星光灿烂，增强自己对生活的自信；一个心态不正常的人让黑暗埋葬了自己且越葬越深。

拓展资源

乐观/悲观对思维的影响

有 600 个人得病了，我们有不同的方案救他们。
方案 A：此方案能拯救 200 个人。
方案 B：1/3 的概率可以救所有人，但是也有 2/3 的概率所有的人都救不了。
你会选择 A 还是选择 B？
再看看下面的选项：
方案 C：此方案将使 400 人丧命。
方案 D：1/3 的概率不会死任何人，但是有 2/3 的概率 600 人会因此丧命。
你会选择 C 还是选择 D？

在上述四个方案中，A 与 C 等价，B 与 D 等价。但大多数人面对 A、B 选项时，更倾向于选 A，面对 C、D 选项时，更倾向于选 D。同样的本质，却因为不同的表述方式，构筑了不同的决策愿景——关注于“生”（A、B 选项），还是关注于“死”（C、D 选项），并继而影响了我们的认知决策。

人思考问题的方式会影响人的情绪（积极或是消极）。我们有些人习惯性地运用悲观的思维方式，因此消极情绪就随之产生，积极情绪自然只能退后。下面有些简单易行的练习方法，可以帮助我们改善消极情绪。

1. 深呼吸

一旦出现消极情绪，呼吸就会变得急促。这时的呼吸是源自胸腔，而不是腹部，身体也不能正常地换氧。为改善这种情况，可进行日常居家深呼吸练习：坐在一把舒适的椅子上，真切感受自己的呼吸；开始深呼吸，慢呼吸；在脑子里想象快睡着的状态，感觉在漂浮；一个安静的环境，听着舒缓的音乐或海浪声、大自然的鸟鸣，平静情绪。

2. 幽默疗法

讲笑话、听笑话、看喜剧片、多跟幽默的人待在一起，这些都能提高人的认知（思考技能），使人变得乐观而有动力。一种最简单的方法——回忆生活中的某些乐闻趣事，相信大家都有一些，集中想几件事。在需要放松和平静消极情绪的时候，脑子能更快地搜索到资源。

3. 挑战认知（挑战性思维方法）

放松练习和幽默疗法是“及时性的”方法。要想不被消极情绪奴役，有个长远的解决办法效果很好——认知练习。情感一般是来源于思想的，因此要管理情感，就得做一个有情商的思想家。很明显，情商需要思考的智慧。培养情商重要的一部分就是了解思维方式，轻而易举地挑战和改变它们。因此，提高情商必须训练思维方式。

有阳光的地方就有阴影，选择抬头看见阳光，还是转身看到阴影，是由每个人的自由意志决定的。这种选择，如果成为一种心态，让人习惯性地在任何境遇下寻找阳光，在任何困难中寻找机遇，那么就会产生无尽的正能量，从而催生个体的创造力、行动力等潜能。因此，无论何时何地身处何境，都要用乐观的态度笑对生活，微笑是乐观击败悲观的有力武器。微笑，才能将不利于自己的因素一点点推开。

情商是人内在的精神和动力因素，它包括人的性格力量、意志力量、情感力量、处事（社交）力量等。卓越的人的一大优点，就是在不利与艰难的遭遇里百折不挠。2013年5月14日，习近平总书记在天津与高校毕业生、失业人员等座谈时，问大学生村官杨代显：“情商重要还是智商重要？”杨代显回答：“都重要。”习近平说：“做实际工作情商很重要，更多需要的是做群众工作和解决问题能力，也就是适应社会能力。”习近平强调“情商很重要”，意在提醒大家提高智商莫忘培养情商，在学好科学理论知识的同时，还要注重实践锻炼、增强工作本领。

行动改变心态。正向信念和意愿会诱发积极行动。反过来，积极行动也能改变消极的心态。当你情绪低落的时候，不要放弃自己的正向行为。允许自己低落，同时带着自己低落的情绪做该做之事：规律作息、保持学习习惯、参加日常人际交往活动，以及花时间培养或经营自己的兴趣爱好。

我们在改变行动的同时，也能自动改变感觉。如果你不开心，不妨试一试下面的行动改变法。

（1）先在你的脸上堆起一个真正的微笑；

（2）放松肩膀，好好地深吸一口气；

（3）再唱首歌；

（4）如果不会唱，就吹口哨；

（5）不会吹口哨的就哼曲调。

当我们试着开心地坐直身体，并装作很开心的样子说话及行动后，很快地，我们就会感到行为散发的快乐消除了心理上的忧郁。此外，一个人在不愉快或郁闷的时候要懂得转移自己的注意力，也可以外出散步、参加运动和同学聚餐等。把事情做完的时候，你可能就会发现自己的心情好多了。

因此，无论何时何地身处何境，都要用乐观的态度微笑着对待生活，微笑是乐观击败悲观的有力武器。微笑才能将不利于自己的因素一点点推开。

二、提升情商传播幸福

（一）理解他人情绪，传递正能量

当身边的朋友或亲人遭遇不如意时，我们需要安慰他人，给他们注入能量，理解、关心、支持对方，让其感到一种真正的贴心。安慰他人需要掌握方法，避免进入误区。

1. 误区一：想开点儿，“塞翁失马焉知非福”

“想开点儿”，这是国人最常用来劝慰别人的话，却显得无力与苍白，这样的安慰会让他人觉得“身在福中不知福”。

帮助别人往好处想，但不能着急，因为在痛苦中或巨大的压力下人的注意力会变窄，这时最好的关怀便是耐心和陪伴，尊重对方的生活也是关心的表现。

2. 误区二：没什么大不了，时间会冲淡一切

我们都期盼给情绪低落中的人以希望，“没什么大不了”或“没事”，不仅让对方感觉自己所经历的苦难纯属无病呻吟，从而无法接受自己当下的感受，也会让其怀疑自己是否太过敏感，本来就已发生的不幸再加上自我指责，只会让他引发更深的乏力感。“时间会冲淡一切”，虽然是客观事实，在用作安慰他人时却显得那么多余。

帮助对方了解和接纳自己的感受。“遇到了这样倒霉的事情，你的愤怒和失望都是正常反应”，“别再压抑自己了，哭泣、怨恨都可以，你要说出来”。记住，接纳对方的感受和想法，从不同的视角去疏导他人，帮助其走出人生的低谷。

3. 误区三：我能理解你的感受

他人一谈到内心感受，马上表示“我能理解你的感受”。尽管意图很好，但这一句却可能激怒对方的内心，“不，你不是我怎么知道我的痛苦！”这又是为什么呢？

“我能理解你的感受”，没有真正回应倾诉者的真正感受，让谈话者觉得没有受到重视，这句只是笼统的表达，让对方觉得没有获得想要的关切，从而缺乏说下去的勇气和动力。

使用情感反射性问句，说出你从对方话语里感受到的情绪并向对方确认，“听起来你很讨厌这个人是吗？”“这件事让你感到自己很糟糕，是不是？”。这不仅表达出了对讲话者提到的重点的有效回应，也表示了你进一步的好奇和关心，更避免了谈话中易产生的误解。

4. 误区四：“你应该……”“你就……”

没有人喜欢按照别人的意志生活，所以当太多的“你应该”“你就”出现在安慰与关心中，可能会被理解为控制而遭到抗拒。对别人的关心，经常演变为对他人的指手画脚，好像越是亲近，这个趋势就越明显，无论是父母与孩子，还是朋友和爱人。

关心与安慰他人需要恰当的方法。最为直接有效的一招：“请你告诉我，我该说（做）些什么才会让你感觉好受些？”关心别人的唯一原则就是从对方的立场出发，而不是用自己的想法代替别人的需要，否则就是将自己的意志强加到他人身上。

共情，又译作“通情”、“共感”、“同感”、“同理心”、“神入”和“感情移入”等，是人本主义创始人罗杰斯提出的概念，指设身处地对他人情绪情感、需要诉求等内在心理体验进行感受的能力。日常生活中描述个体“通情达理”，是个体善于共情的表现。在生活中需要理解他人感受与需求，不断提高共情水平，尽可能做到高效的共情。

自我意识是统领人格发展的“司令部”

拓展资源

对话分析

丈夫：“我的六味地黄丸吃完了。”
妻子：没搭话。
丈夫：“我的六味地黄丸吃完了。”
妻子：“哦。”
丈夫：“我的六味地黄丸吃完了。”
妻子：“知道了，总说烦不烦。”
丈夫的话语是什么意思，妻子的反应表达了什么？

丈夫连说几遍“我的六味地黄丸吃完了”，期待的是妻子的关心，但妻子并没有多加理睬，还表达出不耐烦的情绪。那么妻子该怎样回答，才算做到了“共情”？或许“吃了效果如何”“需要我去帮忙再买回来吗”……这些内心关切的话语，更有利于夫妻关系的和谐发展。而从丈夫角度，话说一半不说完，期待对方自动给予理解和支持的言行也不值得提倡。在沟通中，我们既要真诚地表达自己，尽量让对方明白我们的需求，也要努力倾听他人、换位思考。

真诚是相对于虚伪而言的，与人交往更需要真诚的态度，需要在与人交流时“捧”出一颗真挚的心。曾国藩先生曾经给“诚”下过定义：一念不生是谓诚，故“诚于中，必能形于外”。真诚在内心就是纯净无染，表现于外就是真实不虚、率真自然。诚作为立身处世的不二法门，其力量无远弗届，源源不绝。任何对立冲突，都能在真诚的言行中化解；任何怨恨不满，都能在真诚的关怀中消融；任何困顿厌倦，都能在真诚的互爱中散却；任何猜忌误会，都能在真诚的交流中释怀。真诚这一概念源于古希腊哲学家的“认识你自己”和“真诚地对待自己”等思想，是指个体了解自我，拥有个人的思想与体验（包括情感、需要、偏好、信念及价值观等），并按照自己的真实想法行事。真诚并不是个人与生俱来的内在品质，而是由他人归因于个体的一种特征，因而是一种关于关系的现象。

真诚需要做到以下几个方面。①自我认知。个体对自己的动机、情感、价值观，以及个人特征的知觉与意识要比较明晰。②无偏见或平衡加工。个体在对与自我相关的信息进行加工和理解时，能够做到客观、理性。③真诚行为。个体以一种与真我相一致的方式行事。真诚行事意味着个体的行为与其价值观、偏好及需要具有高度一致性。④关系真诚性或透明性。个体重视并努力达到关系中的坦率、真诚，是一种自我展现和发展相互亲密及信任的积极过程。这个世界并没有绝对的“对”与“错”，只是个体所站的立场有差异。在生活和工作中，要做到经常站在他人的立场，主动去理解别人，设身处地为他人着想，真诚地认同他人的言论，即使对方观点有悖也不去指责。只有我们真诚地关注他人，我们才能获得别人的认可和支持。

真诚地对待他人，具体尽量做到：①做一个耐心的倾听者，鼓励别人谈他们自己；②谈对方感兴趣的事；③多提别人的名字；④赞扬，让别人感到自身很重要。

共情才能体会他人，真诚才能感动对方。美国前总统林肯曾说过：一滴蜂蜜要比一大碗胆汁更能吸引苍蝇。做人也是这样，如果你想赢得大家的心，首先就是要让他们认识到你是他们最真诚的朋友。这样，你就会像一滴蜂蜜一样，吸引他们的心。真诚是一条阳光明媚的大道，你能通过它，走进大家的心。共情有助于理解他人，待人真诚而不虚伪，这样在人际交往中才能赢得他人尊重和长久友谊。

（二）建构积极生活方式辐射他人

积极是一种信仰，这种信仰使人具有钢铁般不可摧毁的意志，世间所有的一切事情都不值得害怕，唯一值得人胆战心惊的，便是这种钢铁般不可摧毁的意志，而这种意志就是积极，但积极的人从来不会害怕一切，甚至积极本身。因此选择了积极生活，人就类似钢铁；选择了消极生活，人就好像石墨。对于积极生活的人来说，失败是一种不可想象并且永远也不存在的事情，消极生活人看到的明明白白的失败，对于积极生活的人来说，就是一种转机。

多与生活态度积极的人在一起，你的生活才会积极起来，因为你周围的人暗示了你。有这样一个寓言故事：一枚鹰蛋被放到了一个母鸡的巢里与鸡蛋一起接受母鸡的孵化。小鹰破壳而会之后，自以为也是一只小鸡，每天做着与母鸡一样的事情，在垃圾堆里找食物吃，与其他母鸡嬉戏，像母鸡一样咯咯地叫。它从来没有飞过几尺高，因为母鸡们只能飞这么高。它完全认为自己就与母鸡一样。一天，它看见一只鹰在万里碧空中展翅翱翔，就问母鸡：“那种美丽能干的鸟是什么？”母鸡回答说：“那是一只鹰，它是一种非常了不起的鸟。你不过是一只鸡，不能像它那样飞，认命吧。”于是，这只鹰接受了这种观点，也不尝试着去飞，没有想过与母鸡们做不一样的事。由于没有鹰去影响它，它只有与母鸡为伍，缺乏远见，结果丧失了鹰的特长，像鸡一样度过了自己的一生。多么可惜啊！它本来是一只能展翅翱翔的鹰，但却受周围母鸡的影响，最终造成了这种悲剧。我们的生活中不也有类似的不幸吗？本来你是优秀的，但你周围碌碌无为的人影响了你。由于缺乏给你积极影响的人，缺乏一个远见卓识的人，我们也就适应了这种平庸的氛围。

如果你想像鹰一样在空中翱翔，你就得学会鹰飞翔的方法；如果你结交有成就者，你就将成为一个有成就的人；如果你结交思想家，你就将成为一个思想家；如果你结交给予者，你就将成为一个给予者；如果你结交爱发牢骚之人，你也将成为一个发牢骚者。近朱者赤，近墨者黑。

物以类聚，人以群分。我们要多接触生活积极的人，养成积极的心态，而不是让那些消极的人用他们消极的话来干扰我们的行动。消极的人，由于不敢做什么事，总是把一些问题想得过于复杂，以至于不敢尝试。如果你的身边多是这样的人，很容易受其影响而一事无成。有些人会说，当我做一件事时，听听不同的意见是可行的，为什么就不能听这些谨慎的人的话呢？我们要知道，当一个人在做一件犹豫不决的事时，需要的是积极的支持。即使错了，也要给自己一个机会尝试。没有人做任何事情都会成功，但没有尝试肯定不会成功。与积极者在一起，我们会学会尝试的机会，与消极者在一起，除了谨慎有余，还学会了犹豫。生活中有这样的人，他们意志坚强，心境平和，同遇到的每一个人谈健康、快乐和成功。看到每一位朋友的独特之处，注意每一件事情的闪光一面。想最好的，做最好的，期待最好的。对他人的成功像对待自己的成功那样充满热情。忘却以往的过失，放眼未来，争取更大的成就。向每一个人展开笑颜。将全部心思用在提高自我上，没有时间去批评别人。雄心大志而无所畏惧，胸怀宽广而常乐无忧。如果在生活中你多与这样的人接触，心态就会变得积极起来，更容易获得成功。

第三节　善爱我，感悟生命的价值

一、感悟生命真谛

（一）影响自我认识和生命体验的压力事件

1. 竞争压力

随着社会竞争压力的加大，个体承受的压力也在持续加大。人们的竞争压力来自多方面，如职位晋升、自我成长等方面。

2. 职业压力

我们发现，那些有所成就的人，不仅都经历过人生的磨砺，也都很善于进行时间的管理和职业生涯规划，他们往往是有长期时间观念的人，学习和工作有计划性。他们不会随波逐流，会用长期的观点去计划未来。

3. 人际交往压力

与人交往既需要善意与真诚，也需要技巧与方法。人的发展离不开与社会的互动。与人交往既需要善意与真诚，也需要技巧与方法。应该学会有益的交往技巧，消除因沟通障碍而给自己和他人带来的种种烦恼。

4. 情感压力

积极情绪，如热爱与关心、愉快与幸福感、欢笑与幽默感、友谊与爱情，对一个人的动机具有增力的作用，能使人精力充沛地投身到工作与学习中去。消极情绪，如焦虑和抑郁，常常会对一个人的学习与工作行为产生阻碍作用，妨碍活动的进程，降低活动的效率。

面对压力事件，既需要正视种种压力的勇气，更需要对“压力”有正确的认知。压力并非仅仅具有消极、破坏性作用。适当强度的压力反而能调动体内的能量，对生命活动有积极意义。如果我们能够认识到生命中遭遇的种种压力和挫折能使我们更坚毅和更成熟，那么当我们再次面对时，有何理由内心焦躁和愁眉不展呢？面对压力的关键在于学习将压力转换成为积极进取的人生动力。

“生命”是最生动、最美丽和最富价值的一个词汇，不可有一丝一毫的轻慢；生命孕育着巨大的宝藏，亟待开掘；生命具有丰富的价值内涵，值得一生去感悟。要把握生命的真谛，需要进一步拓展对生命价值的认识。

（二）对生命价值的认知

一个人若盲目追求物质享乐而没有节制，就会精神世界空虚、庸俗和无力，更谈不上拥有崇高的人格。在物欲横流的现代社会，我们需要学会协调和平衡物质和精神两方面的欲求，这是一种定力，更是一种智慧。人的生命具有极为丰富的价值内涵，人的生命包含肉体生命、精神生命和社会生命三个层面。肉体生命代表着一个自然物质的存在，它是生命存在的物质基础。精神生命是生命的精神性存在，“自我”是精神生命的核心与主宰，人能够用自我意识去感知外部环境与支配自己的行动，精神生命是认知与情感、理性与非理性、价值与意义的统一。社会生命反映了人的社会属性，个体的发展离不开社会环境，包括家庭、学校和组织。人的生命是上述三重生命的统一体，精神生命和社会生命能够超越肉体生命的生理局限，丰富了生命的价值与意义。人能够用意识的宏伟创造崭新的世界。

（三）对生命价值的拓展

1. 对生命的庄严承诺

生命的价值体现在有尊严和有意义地活着。生命的价值也不仅仅在于生命的长短。我们应该用心感悟人生不同阶段的风景。

生命的诞生实属不易，对于个体而言，这是亿万分之一的爱的碰撞的机缘。从十月怀胎到嗷嗷待哺倾注了母亲多少的心血和精心的呵护。我们要感谢父母给予了我们宝贵的生命，让我们感受到这个美妙无比的世界。在父母、家庭和学校教育下，一个柔弱的生命逐渐长大，一个生命承载着难以估量的期待与希望。一个生命与家庭的命运紧紧联系起来，生命的价值更和民族和国家的命运相连，我们没有理由对自己的生命有丝毫的懈慢。

生命的价值不仅仅在于活着。诗人臧克家在词作《有的人》中这样生动地描述：

有的人活着，
他已经死了；
有的人死了，
他还活着……

有的人
他活着别人就不能活;
有的人
他活着是为了多数人更好的活。

生命的价值体现在有尊严和有意义地活着。雷锋精神就是一种生命价值的生动体现。雷锋精神引导我们用爱回馈社会。只要人人献出一点爱，世界将变成美好的人间。生命的价值不仅仅在于生命的长短。歌手姚贝娜生命的历程永远定格在 33 岁，在她即将离世意识模糊的时候，捐献了自己身上唯一可用的眼角膜，她把光明带给了未曾谋面的眼疾患者，这是爱的奉献和爱的传递。

即使到了老年，多了一份“只是近黄昏”的无奈，也要珍惜生命中的每一天。如果把人生比作登山，人生的晚年就好比登上了人生的巅峰，也要体验“一览众山小”的放轻松心态。

2. 积极增进身心健康

身心健康是生命价值的基础性和关键性因素。身体健康是心理健康的物质基础，强健的体魄会产生积极的心理影响，带来“我很棒”,“我很美”和“我行”的心理暗示，心理健康会增强对生命价值的积极认知与感受。人只有心理健康了，才会有积极的情绪、向上的理想信念、正确的价值观和高尚的精神道德追求，才能不断激发自身的创造力，保持推动社会前进的活力；才会合理地处理个人与他人、个人与社会、个人与自然的错综复杂的关系；才会积极调动心智潜能投身到火热的生活中去。

3. 生命在于创造

当代大学生不能有“等、靠、要”的“绑定”思想，天上是不能掉馅饼的，美好的生活要靠自己的双手去创造。只有自己付出辛勤汗水，才能品尝到果实的甜美。生命的价值就在于亲身的实践与感悟，生命的价值更在于创造。只要勇于创新，躬行实践，就一定会获得自己的天空，在创新生活中扩大生命的意义与价值。

二、善待生命

（一）从失败中捕获积极的价值

若把“失败”视为监督自我不足的“明镜”,“失败”也可成为有益人生成长的好老师。成功与失败并不是“不赢即输”的绝对关系，而是可相互转化的动态促进关系。

现在的人们为了生活而忙忙碌碌，无暇顾及自我精神世界的构建。在物欲横流的社会，一些人过分追求功利化的目标，成为权力和金钱的奴隶，丧失了人生追求的应有目标。我们努力奋斗不就是为了拥有充实而幸福的人生吗？许多的不快乐与不幸福都在于对生存价值的错误感知与评价。比如，对成功的看法，许多人仅仅看中成功获取的炫目结果，而忽视了成功是一个自我成长的进取过程。一个人要获取真正的成功与可持续发展，就必须付出更多的辛劳并积累一些挫折体验。若把“失败”视为监督自我不足的“明镜”，“失败”也可成为有益人生成长的好老师。如果看到成功与失败并不是“不赢即输”的绝对关系，而是可相互转化的动态促进关系，那么从失败中看到积极的价值，从失败的激愤中积蓄发展的动力，则是更有益的人生选择。

（二）培育优良性格品质，提升自我价值

一个人的性格是在长期的社会生活实践中逐渐形成的。良好性格的养成需要长期的学习与训练。

1. 确立积极向上的人生观。

人的性格归根到底受到世界观、人生观的制约与调节。人生观是人生道路的指南。人生观决定着一个人思想意识的性质和水平。

2. 正确分析自己的性格特征。

人贵有自知之明，只有对自己的性格特征进行科学的分析与评价，才能使自己不断地进行性格的学习与磨炼，不断形成良好的性格。分析的过程，是一个深化自我认识的过程，是性格不断完善与发展的重要环节。

3. 重视在实践中磨炼性格。

性格体现在行动中，也要通过实践来塑造。实践应具有广泛性。学习实践、生产实践都可以磨炼自己的性格。特别要注重在艰苦生活中，培养一种乐观向上的精神，培养不怕困难、勇于斗争的生活品格，从而适应社会的需要。

4. 重视环境对性格的影响。

群体生活具有一种类化的作用，对人的性格会有深刻的影响，因此在正确的指导思想下，形成良好的群体风格，有助于人的良好性格的形成与发展，加速性格的强化与改造。所以说，群体是环境中的最重要的载体，需要刻意加强群体建设。

三、做有生命价值感的全人

这里有一个“3・25”的数字组合，是“善爱我”的谐音。2013 年由西南交通大学心理研究与咨询中心联合十所大学发起了“3・25”心理健康教育宣传日，“3・25”（善爱我）传递一种理念，即“阳光，感恩，坚韧，自信”应成为当代青年健康成长的重要价值追求。“3・25”心理教育活动旨在倡导青年接纳自我，善待自我，关爱自我，并以发自内心的爱与和谐来善待和关爱他人及社会。目前已经得到教育部相关部门和领导的认可和支持，并计划向全国各相关高校推广。

在“3・25”爱心活动的留言便签上，大学生们写下了心中最想对自己说的或者感恩的话：

“喜爱一切美好的事物，赞美并享受他们带来的美好。”

“怀着一颗感恩的心，去面对生活，生活就会过得幸福而充实”。

“感恩，是善待自己的第一步。”

“只有懂得关爱才能懂得生活和幸福。”

“善待自己，爱护自己，为自己的人生规划一场美好的旅行，做自己生活的主角，让生活的每一天都是‘3·25’（善爱我）。”

生命价值蕴含丰富的内涵，包含自我价值和社会价值两个方面。自我价值体现了个体生命存在的意义，社会价值表现为个体对社会进步的贡献。一个人只有真正思考“我是谁”“我的人生目标”“我的合理设计”“我如何实现人生的价值”等问题时，才会积极探索生命的真谛、意义与价值。

（一）接纳并不完美的我

每一个人的生命只有一次，因此要倍加珍惜。尽管自己有种种的不如意，也要学会正视自己，善待自己，接纳并不完美的自己。只有学会爱自己，才能更好地去爱他人与社会。这不是自恋，更不是自私，爱自己也是对自己生命的尊重。好好看看镜子里面的那个自己，这是一个永远都不会离弃自己的我，值得自己用一辈子去好好珍爱。

励志先生尼克·胡哲的故事给我们带来深刻的启迪。尼克天生没有四肢，他抱怨过，怀疑过，绝望过……经过生活的种种羞辱与磨难，他终于开始勇敢地接纳自我与改变自我。17 岁开始做演讲，19 岁成为励志演说家，他奔走于世界各地，用自己不屈服于命运的经历，鼓励大家勇于面对自我，完成人生的梦想。许多健全之人做不到的事他做到了，让我们看到蕴藏在人内心深处的巨大潜力。

（二）爱的传递

如果你被别人温暖了，那就分享出来传递温暖。我们要怀着这份温暖去感动自己，并激发源自内心的大爱善待他人和社会。我们处于复杂的社会关系中，扮演着多种角色，为人父母，为人子女、同事、领导、下级、朋友，会在不经意间接受来自其他人的关爱。如果我们同时将爱传递出去，这个世界会变得越来越美好。

（三）回馈社会

要有回报社会之心。这是人性中的大爱。当代大学生是推动社会发展的中坚力量，要有为国效力的社会意识和社会责任。在如火如荼的深化改革、产业转型升级的大潮中，当代大学生不仅要努力刚好本职工作，还要自觉培育自身的综合素质，以正确的自我观念、创新的意识、完善的人格、过硬的身心素质勇敢地担负起历史所赋予的重任。

爱是人性中最积极的品质，只有真正懂得爱与感恩的人，才会善待自己，善待他人与社会。

寻觅真实的我

拓展资源

手语探索

爱

支持

赞

加油

善良

剪刀手

我爱你

好

第二章

成就最好的自我

每个人都是自己生命历程的主宰者，如何让自己的生命得以绽放，成就最美好的自己，是我们毕生追求的目标。成就最好的自己有一个过程，在经历挫折磨难、挣扎蜕变中，在感受温暖、爱和包容中，我们不断地认识自己、理解自己、突破自己、整合自己、接纳自己，发现自己身上蕴藏着的巨大力量，成为一个拥有健康、稳定人格的人。当我们将注意力从外在事物或他人身上转向对内在自我的探索，就踏上了成就最好自己的旅程，开始了对熟悉而又陌生的自我的探索。请跟随我们的脚步，一起去认识一个全新的自己。

第一节　认识自我

我们有时会因为自卑而陷入困扰，有时又很在意他人的看法，一方面想努力成为他人眼中的自己，另一方面又期待他人能为自己而改变。来自内心的冲突和迷茫，让我们迷失在与自己相遇的途中，古希腊神庙中那句“认识你自己”的古老箴言，就是不断地提示着我们去认识和探索自己内在的精神世界。处于青年期的大学生正处在对内在自我和外在自我不断整合的过程中，受成长环境和人生阅历的影响，看问题的角度、应对困难的方式都不够成熟，容易陷入死角、盲区。俗话说“当局者迷，旁观者清”，我们站在旁观者角度去看人看事，思维似乎比较清晰，可是一旦自己成为当局者，即使一些简单的事也看不明白了，就像瞎子摸象一样，始终看不到真实完整的自己，犹如陷在一个怪圈中不能自拔。

一、正视自己

（一）我是谁

认识自我

在金庸先生的武侠小说《射雕英雄传》中有一个叫欧阳锋的人，他武功高深，却对自己的身份产生了怀疑，在连问“我是谁”后就疯了，之后常常逢人就问“我是谁”。也许我们会觉得文学作品的故事情节过于夸张，但现实中我们真能说清楚“我是谁”吗？

拓展资源

我 是 谁

内容：以“我是……”为模板，写出20个句子。
要求：将这20个碎片进行整合，并概括为一段话。
建议：搭建出一个“我”的框架。

一个人如果不知道自己是谁，就无法把自己与周围区分开来，个体的独特性就无法体现。只有当知道自己是谁、知道自己想做什么、明白自己能做什么时，我们才能主动自觉地去行动。我们的周围有这样一些同学存在：他们很少自己思考，遇到问题就寻求父母的帮助；做事犹豫不决，没有明确的发展方向；遇到问题不是逃避、放弃就是装成无所谓的样子。还有一些表现为缺乏兴趣，不了解自己的特长或对人挑剔、缺乏同理心、不能宽容他人等，由于无法摒弃这些“不适应”，他们也就难以找到适合自己的生活。

希腊神话中有一个爱上自己水中倒影的美少年纳西索斯，他每天只做一件事，就是坐在水边，看着自己的倒影。他对任何女孩都不动心，只爱慕水中自己的倒影，最后在顾影自怜中抑郁死去。纳西索斯的故事告诉我们，过度自恋会影响我们对自己和外部世界的客观认识。我们认识自己的过程是从认识外部世界开始的，最初是认识他人，他人就像一面镜子一样映照着我们自己，由此我们知道了自己是一个“听话的孩子”、是一个“有主见、自信的人”、是一个“严谨、信守承诺的人”等，这些标签成为我们认识自己的线索。通过与父母、老师、同学、朋友等人的沟通和交往，我们逐渐形成了对自己的整体评价。

拓展资源

“我是一个……人”

内容：以“我是一个……人”为模板，写出20个句子。
分析：这20句话中哪些是我们的优点，哪些是不足。
要求：在“我是谁”的框架中填入“我”的细节，最后形成对自己的初步认识。

我们对自己的评价如何？是优点多于不足，还是恰恰相反呢？我们对自己的这些评价是怎么形成的呢？我们在评价自己的长处与短板时，一定会有一个参照物，它可能是我们的同学、朋友，也可能是我们自己期待或他人期待的形象，由此可见，自我评价是进行社会比较的结果。进入青年期后，我们对自己的基本认识和态度趋于一致性，对自我的评价趋于稳定，但并不意味着不会发生改变，有时我们可能因为受挫或被否定，而给自己较低的评价，有时可能因为来自他人的肯定或鼓舞而对自己的价值有了新的认识。这种情况在大一新生中表现得尤为显著。例如，有的同学高中时是班上或学校的尖子生，在老师、家长、同学和自己的心中有较高的认可度，但进入大学与室友、同学一比较，才发现自己不只是学习，在文娱、特长和人际能力等方面有很大的差距，内心落差越大，对自己的评价越低。这种盲目的、不成熟的比较，与我们对自己不了解有一定的关系。

（二）了解自我

有时我们会觉得很了解自己，对自己的一切都了如指掌；有时又总会感到心里不踏实，好像缺了点什么，感觉不自信；有时我们表现得很迷茫，不清楚自己到底是怎样的一个人；有时又出现各种抱怨和自责，不明白自己为什么会冒出有这样的想法等。我们对自己的困扰和冲突都源于我们对自己的不了解，也是每一个人在成长的过程中不可避免的，我们只有通过了解自己才能真正地认识他人和外部世界。如何全面深入地了解自己呢？我们从三个方面进行梳理：一是生理层面的我，包括外貌、体型、身高、健康状况等；二是心理层面的我，包括一个人的性格、兴趣爱好、能力和意志品质等；三是社会层面的我，包括人际沟通和交往能力、社会适应能力，以及人生观和价值观等。

探索自我

拓展资源

我眼中的自己

内容：按生理的我、心理的我和社会的我的顺序写出你眼中的自己
要求：用形容词描述

正向的形容词越多，说明我们对自我形象和自我认同度越高，这是我们在主观上对自己的认识，它受到生活经历、性格等多种因素的影响。主观认识是自我评价的一部分，不一定客观，有时与事实不相符，于是我们还需要通过别人的态度和评价来了解自己，当我们对自己的评价与他人的观点不一致时，可以帮助我们去反思、觉察可能存在的问题，以便多角度地认识和了解自己。

拓展资源

他人眼中的我

形式：分组练习，两人一组，一问一答
内容：（1）在别人眼中，你是一个什么样的人？（至少 5 句话）
（2）有哪些评价是你喜欢的？说明原因。
（3）有哪些评价让你感觉很纠结？说明原因。
（4）你觉得怎样做会让你更自信，更能接纳自己？
想一想：他人眼中的你与你眼中的自己一样吗？

为什么我们不能做到全面认识自己呢？美国心理学家乔和韩瑞提出关于人自我认识的窗口理论，称为“乔韩窗口”理论（图 2-1）。他们认为每个人的自我都有四部分组成：一是公开的自我，也就是真实的自我，这部分无论自己还是别人都很了解，如性别、身高、性格和能力等；二是盲目的自我，指别人看得很清楚，自己却不了解，也就是我们通常说的盲点，我们无法意识到的那部分，我们每个人都有，可以通过学习、实践和交谈等方式明白或顿悟；三是秘密的自我，是我们自己了解但别人不了解的那部分，通常我们认为如果公开有可能会受到误解、伤害或自尊心受损，为了维护自己的利益而选择掩藏；四是未知的自我，是别人和自己都不了解的潜在部分，它没有停留在意识层面，需要通过一些契机激发出来。

	我知道	我不知道
他人知道	公开的我	盲点的我
他人不知道	秘密的我	未知的我

图 2-1　乔韩窗口

通过开放与世界建立更多的接触，通过分享体验不同的人生经验，通过反馈减少行为的盲目性，通过不断探索来了解未知的自己。因此，我们对自己的认识是一个不断探索的过程，通常有三条渠道：一是通过与他人进行比较，来发现自己的优势和不足。由于缺乏客观的标准，多以个体的主观认知为依据。有的人用他人的优势和自己比较，往往很挫败，感觉自己不如人，出现自卑，也有人只看他人的短板，处处用挑剔的眼光审视他人，既不能学习他人的长处，也阻碍了前进的脚步。我们每个人都是独特的，也是在不停变化和成长的，学会用辩证的思维去认识自己和他人是思想成熟的标志之一。二是在实践过程中认识自己。无论是成功的经验还是失败的教训，都能给我们以反思和启发，让我们发现自己的盲点或能力，从而变得更有弹性、更加自信。三是通过梳理现实自己与理想自己的关系来认识自己。我们每个人心中都住着一个理想的自己，为了能成为理想中的样子，我们不断地努力、进取，但让人感到挫败的是有时无论怎么努力似乎也无法达成理想自己，那是因为现实自己和理想自己的距离过大，犹如我们给自己定了一个过高的目标。降低标准、修改理想自己的定位，会让我们更有机会拥有成就感，变得更加自信。

拓展资源

理想自己与现实自己

内容：A4 纸横向对折，左边画出现在自己的样子，右边画出理想自己的样子。
要求：比较二者之间相同和不同的地方。
问题：理想自我画像会变化吗？

（三）整合自我

我们每个人的时间和精力都是有限的，只有做自己最擅长的事才有可能做得最好。

在我们成长的过程中，不断地内化了父母、老师和那些对我们很重要的他人的价值评价，并依照这些标准来要求自己。当我们长大后会发现内在的自己很弱小，无法去做自己喜欢的事，无法按照自己的意愿去生活，没有力量去冲破外在的束缚，内外的失衡极容易导致自我评价过低。我们不能改变过去已发生的事情，但是我们可以改变这些事对我们的影响，通过不断地整合自己、滋养自己，学会尊重自己、无条件接纳自己。

首先，要无条件接纳自己。认同自己的独一无二，用欣赏的眼光看自己，无论是优点还是不足，都属于我自己，是我的组成部分。不管别人如何看我，都不能否定它属于我的事实，如果它们中有些不再适合了，我可以舍弃，并尝试创造新的部分来替代它。

其次，要矫正自我偏差。常见的自我认知偏差有过分自恋、自我中心、从众心理、完美主义、自尊心过高、自卑等。要么是夸大了自己的不足，要么是夸大了自己的优点，还有些对自己不认同或过于苛求自己，任何形式的以偏概全、两极化和灾难化都是不可取的，大学生需要学会全面客观地看待自己。

拓展资源

自 我 像

目的：1. 了解认识自我对个体发展的意义；
2. 学习认识自我的方法；
3. 学会调整自我。

步骤：1. 一张A4纸横折，左边让学生画一幅自画像。
2. 右边以“我是一个……”为模板写出自己的优势和短板（20条左右）。
3. 在小组内，第一轮，向同学全面客观地介绍自己；第二轮，针对自己的短板，提出合理化改变。例如，“我是一个不自信的人”改为“我期待自己成为一个自信的人”。
4. 每组推荐1～2名学生发言，分享认识自己和他人的收获。

二、深度探索自我

（一）摆脱旧的自我

追求进步和发展是人类前进的方向，对于个人而言，人性中往往有些自我很难突破和超越的东西，使我们的内在潜能无法得到发挥，阻碍了我们前进的程度。这些东西中有一个叫“自我”，而阻碍自我发展的最大敌人就是我们自己。自我是怎样阻碍个体发展的呢？我们怎样才能摆脱旧的自己呢？自信的人不一定成功，但不自信的人一定不会成功，一个人能走多远、走多高，完全取决于自己的自信心。澳大利亚的“海豹人”尼克·胡哲天生没有四肢，饱受同学的嘲笑和欺辱，但他以难以置信的勇气和对生命坚定的信仰，最终成为一名励志演讲大师，在他心中，所有的痛苦都是人生的宝贵财富，都是值得的。

世界上的问题是复杂的，失败也是不可避免的，有些人习惯了用消极的态度看待人和事，给自己贴上“我不如他人”、“我再努力也没有”和“我注定不会成功”等标签，当一个人用消极的眼光看问题时，他就变得不自信了，内在的潜能就会被抑制，无法展示自己的精彩。犹如瞎子摸象，没有看到困难是局部的，没有看到虽然自己不是最优秀的，但是是有价值的。要用新的自我去替换旧的自我，一个自信的、拥有积极心态的人，才能活出自己的精彩，成为最优秀的自己。

（二）发现独特的自我

世界就像一座花园，我们每个人都是花园中的一朵花，犹如世界上没有两片相同的叶子一样，每一朵花都是独一无二的，是不可复制的。每一个生命都有自己的可能性，都拥有巨大的能量和自身独特的价值，只要我们意识到，并积极挖掘，就一定能发现那些尚没有被发现的潜能。有些同学常常轻视自身的小优点，只看到别人的精彩而忽略自身的优势，甚至不相信自己的优势。如果我们换一个角度去看自己，选择相信自己、悦纳自己，就会发现被抑制的潜能被挖掘出来了，变得自信的过程就是发现独特自我的过程。

三、完全接纳自我

（一）爱自己

“你爱自己吗？”回答这个问题时你内心深处是否清楚怎样爱自己呢？从小我们接受的教育就是爱他人——爱父母、爱老师、爱同学，在我们爱的概念里，没有对自己的爱，因为爱自己被看做是自私自利的行为。爱自己就是不忽略自己，小心呵护自己——关注自己的感受、爱护自己的健康、满足自己的精神需求；不会刻意讨好而压抑自己，不会过分要求他人；会保护自己内心的纯净，不被外在的诱惑俘虏，给自己、给他人一份真诚和干净的爱。我们只有懂得了怎样爱自己，才能学会爱他人，把自己和他人都看做是独特的，既尊重自己又尊重他人，在生活中不需要表演，不用戴面具去交往，简单而充实。如果这也是你想要的，那么从爱自己开始吧！

（二）不否定自己

乐观主义者和悲观主义者最大的区别是什么？如果只有半杯水时，乐观主义者会说“太好了，还有半杯水”，而悲观主义者则说“怎么这么倒霉，只剩半杯水了”。由此可见，任何事物都有两面性，关键是你看到哪一面。我们每个人都有好的一面和不足的一面，有的人会抱怨自己不够幸运，羡慕那些长得漂亮、脑子聪明、经济条件好或人际沟通能力强的人，也希望成为他们的样子，当没有办法实现的时候，就会否定自己，觉得自己事事不如人，什么都不会。但如果和那些没有条件读书的孩子或身患疾病的人相比，我们就要幸运多了，学会感恩才能变得快乐。

每个人都有自己的想法和行为模式，这与成长环境和个人经历有关。适合别人的未必适合你，我们都要相信自己的能力。当他人对你的评价不高时，要静下心来，不要盲目跟风否定自己。曲折是生命过程的常态，犹如马拉松比赛，最初跑在第一的人未必是最先到达终点的人。人生也是如此，在不同的阶段我们所处的位置不同，挫折失败在所难免，一定要保持足够的恒心和耐力。

（三）成为自己的主宰

有个农夫耕种一块土地，日子过得还不错，但有一天听说只要有一块钻石，就可以变得富有，于是，农夫把地卖了，开始寻找有钻石的地方，最后一无所有自杀身亡。巧的是买下农夫土地的人，劳动时却在地里发现了一块钻石。你是否发现了似曾相识之处，我们常常是看到别人拥有的，希望那也是自己的，却很少去珍惜自己拥有的。

我们不一定要成为一个成功者，但要活出自我的精彩，不要在等待观望中流失时间，要学会发现自己的优势并努力经营，使事情朝着我们希望的方向发展，这才是对自己负责，才能真正成为主宰自己的人。

第二节 提升自我

一、在顺境中看到自己的不足

（一）顺境不足喜

俗话说“人逢喜事精神爽”，同样当我们处于顺境时，不仅能体验到一帆风顺、心想事成所带来的愉悦，而且会形成较高的自我评价和积极的行动力。我们应该好好珍惜这样的机会，顺应潮流的发展，努力实现自己的愿望。但对美好事物的向往，经常会让我们流连忘返，举步不前，甚至过于得意忘形，高兴得失去常态。通常当一个人过于喜悦时，关注点会变得狭窄，对人和事会失去客观的评价，不能及时看到事物的发展变化，反而会失去一些机会。人生本就是一条九曲连环之路，顺境和逆境都是常态，我们要做的就是在顺境中把握住机会，不断地提升自己。

（二）成功是多元的

大学生正处于心怀梦想、追求成功的人生阶段，追求成功、成就自我是许多同学的奋斗目标，激情、勇气、乐观让我们对未来充满了期待，这是成功不可缺少的因素，但长期的努力和机遇同样是成功的必备条件。每个人对成功的理解是不一样的，有的人将名利地位当做成功的唯一标准，由此变得急功近利、目光短浅，这种心态将我们的注意力完全转向外部世界，而忽略了自己内心的感受。

每个人都是独特的，成功也是多元化的，事业有成、有名有利是一种成功；做一份自己喜欢的工作，享受平静的生活，与周围的环境和人和谐相处，有责任感、有担当，这也是一种成功。虽然对成功的解读因人而异，但衡量成功的标准是不会变的，一个成功的人一定是一个幸福和快乐的人。当你拥有和谐温馨的家、健康的身体、做着自己喜欢的事、自己快乐身边的人也快乐时，这难道不能证明你已经成功了吗？

（三）顺境中学会自制

培根有句名言："顺境中的美德是自制自控，逆境中的美德是不屈不挠。"然而，顺境犹如一柄双刃剑，成亦顺境，败亦顺境，用好了所向披靡，用不好反而会伤害自己。中国人做事讲究"天时地利人和"，顺境为成功提供了天时和地利，剩下的人和事就需要我们自己努力了。然而，在顺境面前，并非每个人都能保持清醒的头脑，古今中外有多少沉溺安逸、不思进取，从而失去机会、抱憾终身的故事。顺境是人之所求，但又不是人人可得，在抓住大好机遇的同时，要学会居安思危、不骄不躁、不盲目乐观，才能充分利用顺境带给我们的机遇。

二、在逆境中发现自己的力量、资源和优势

（一）逆境不足忧

逆境是人生历程中不可缺少的风景。它可能是天灾人祸、人际困扰、经济困难，也可能是情场失意、考场失利、内心空虚。孟子曰：天将降大任于斯人也，必先苦其心志，劳其筋骨，饿其体肤，空乏其身，行拂乱其所为。它告诉我们一个道理，人要有所作为，就必须要经历各种磨难。逆境好似蜿蜒曲折，但它可以让我们看到不同的风景，可以拓展我们的视野和格局、丰富我们的人生经验。而且身处逆境之时，当内在的对美好的向往被激活、变得强烈时，就会激发出巨大的潜能，帮助我们摆脱逆境。因此，不要只担心逆境带来的不利，还要看到它带来的成长契机，古今中外成功人士的故事，也证明了逆境更有利于人的成长。

（二）在困境中学会等待

在面对处于困境的人时，我们常用"黎明前的黑暗""阳光总在风雨后"来鼓励他们，无论是成功还是美好的东西，往往在经历许多困难和煎熬后才会出现。在彷徨、失意时，人常常会从消极方面看问题，常被表面现象迷惑而看不清事物的本质，往往作出的决定带有很大的片面性。大学不是世外桃源，在生活学习中遇到困难是很正常的，有些问题需要我们及时解决，否则会影响正常的学习；有些是成长性的问题或解决条件尚不具备，需要有一个缓冲过程。但有的同学想要急于摆脱而贸然采取行动，受挫后要么退缩回避，要么放弃追求。在困境中等待并不是什么都不做、不思进取，而是要我们冷静思考、积蓄力量、等待时机的到来。

（三）勇于尝试突破

在一个炎热的夏日，一群饥渴的鳄鱼挤在一个只有很少水的池塘中，烈日下池塘的水愈来愈少，开始出现强壮的鳄鱼吞噬同类的现象，即使这样也不见有鳄鱼离开。这时，一只小鳄鱼起身离开了池塘，它不想等死，尝试去寻找新的绿洲。池塘的水越来越少，直至完全干涸，最后一只大鳄鱼也因饥渴而死去。只有那只勇敢的小鳄鱼，经过长途跋涉，找到一片绿洲存活了下来。如果当初小鳄鱼也安于现状、不敢尝试，

那结果不言而喻。

勇于尝试是把逆境看作对自己的一种挑战，告诉自己“我可以，我能行”，当我们相信自己，相信自己有能力做好一件事时，我们就会变得更加自信、更有责任感和创新能力，也就更有希望获得成功。不去尝试，我们永远不会知道自己能做什么，不去尝试，永远也不会成功。

三、重塑全新的自己

（一）打破常规

打破常规的最有效的方法就是具有创新思维。创新思维可以帮助个人不断地突破自己，获得成功与发展。在一场篮球比赛中，保加利亚队与另一支球队正在进行激烈的比赛，按照比赛规则，保加利亚队需要领先对手 3 分才能赢，还需要再得 1 分，但时间仅剩几秒钟。这时，保加利亚队队长做了一个令人吃惊的举动，往对方篮里投了一个 2 分球，结果两队打成了平局，在加时赛中保加利亚队取得了胜利。

如果保加利亚队队长无法打破思维定式，还在纠结如何用最后的几秒钟赢球，那结局就可想而知了。当大家都沿袭同一条路走习惯时，我们的视野就会变得狭窄，很难再看到其他的风景。条条大路通罗马，我们要向第一个吃螃蟹的人学习，打破常规，勇敢尝试新的事物，释放束缚思维的枷锁，让思维跳动起来。

（二）建立新的自我认同

自我认同是我们对自我身份的识别和确认，是一种价值感，是对某种价值主张的认同，是过去、现在和将来的连续。积极的自我认同意味着我们知道自己是谁，知道自己的位置在哪里，能理解自己，知道自己怎么了，遇到问题知道如何解决，有方向感和成就感。反之，当个体因对自我不确定而过度焦虑时，就出现了自我认同危机。当我们自己的价值和意义无法得到体现，却还要按照他人的期待去塑造自己，即我们每做一件事都在考虑“别人怎么看”，按照别人的期待去生活时，意味着对自己的放弃，这种内外的不一致性造成自我角色的混乱。随着社会的发展，价值观的多元化，我们的价值观、理想信念、思维方式与他人、社会的价值规范的不一致是不可避免的。尤其是处于青年期的大学生，渴求自我探索、自我建构、追求自我同一性，一旦陷入“身份混沌”状态，便会失去方向感和存在意义，出现对自我的疑问或焦虑，出现自我认同危机。

危机包含危险与机遇，因此，自我认同危机既存在危险，同时也是一种机遇，是可以向新的自我认同转化的。当我们面对自我认同危机时，既不要惊慌失措，也不要听之任之，通过积极的努力减少它所带来的对个体的伤害和对社会的损坏，抓住机遇促进自我认同向良性发展，引导形成新的自我认同。

第三节 完善自我

完善自我包括很多方面——完善自我的思想、认识、学识、修养、品格、精神……其实，人生就是一个不断进行自我完善的过程。

从认识世界的那一天起，我们就不断从身边汲取信息来充实自我、完善自我。可是在某个时期，一些人会停住完善自我的脚步而满足于现状，沉浸于自以为已经定格的人生，如此活着就没有了目标和方向，更没有了动力，就像一具行尸走肉，还谈何意义？只有不断完善自我，不断追求自我超越，活着才有意义。

一、完善自我是成长的需要

完善自我，就要不断给自己提出新的目标、新的追求。一个安于现状的人，是不会想到完善自我的。正如一只海燕，没有目标不会展翅飞翔。一个人只有不断提出新的目标，才会有追求的动力；有了追求的动力，才能进行不懈的追求，从而在追求中完善自我，他的生命也将在追求中体现出价值。

完善自我，还要不断充实自己，汲取知识和智慧的营养。新的、更高的目标提出来了，如果不去进一步充实自己，汲取更多的营养，那么实现这个目标就很困难。我们只有不断给自己充电，才有足够的实力去实现提出的目标，达到完善自我的目的。事实上，“充电”本身也是一种自我完善，在不断地充电过程中得以成长。

完善自我，还要有战胜困难的勇气和信心。在不断实现目标的过程中，总会遇到这样那样的困难。如果没有战胜困难的勇气和信心，见到困难就畏首畏尾，甚至望风而逃，又怎么谈得上不断进取和完善呢？战胜困难的勇气和信心是必要的，它们是追求目标、完善自我道路上的清道夫，只有用它们清除前进路上的障碍，我们才能在人生旅途上不断创造自己的价值，实现生命的意义。

（一）定好自己的位置

2008 年，我国青少年群体中开始兴起一股“杀马特”造型风。不论男女，大部分青少年留着五颜六色的长发，画着很浓的妆，穿一些很有个性的服装，戴着稀奇古怪的首饰，自称是“一个集潮流、视觉、非主流于一系的群体”。它所代表的是一种另类甚至是怪诞的青年形象，他们染着赤橙黄绿青蓝紫的头发，吹着各种突破了重力学规律的“刺猬头”，挂铁链、穿体环，满身山寨奢侈品的 LOGO。对于如此“杀马特”造型的青少年，我们不禁要问：他们为什么会喜欢这样的造型？怪诞造型的背后隐藏着什么样的心理？

如果从埃里克森的人格发展阶段理论来看，可以说这些青少年是还没有发展出自我同一性的，还没有找准自己的位置——没有将自身的需要、情感、能力、目标、价值观等特质整合为统一的人格框架；对自身还没有充分的了解，不能将自我的过去、现在和将来组合成一个有机的整体，尚未确立自己的理想与价值观念，并对未来自我的发展做出自己的思考。

这群青少年不清楚自己的需要及如何满足这些需要——想要吸引他人注意，想要得到他人的认可和接纳，实质上是马斯洛所说的归属和爱的需要，以及尊重的需要；但他们不懂如何才能真正地满足这两种需要——不是靠哗众取宠，也不是靠博人眼球。他们也不清楚自己的能力，没有清晰的价值观，自认为新奇古怪的造型是能吸引人的、是有价值的，因此把劲使错了地方，束缚了自己去发展安身立命甚至成为卓越人才的能力和目标。

青年人能否定好自己的位置，与自我同一性的建立密切相关。定好自己的位置，首先要对自我有一个准确、客观和全面的认识，认识自身所具备的能力、情感、态度和价值观；在了解的基础上，对未来的自我发展作出清晰的规划，为自己设定现实可行的目标，有步骤、有计划地成为你所期望的样子。

作为青年人，你要为自己寻找一个怎样的人生舞台呢？俗语说不怕别人看不起你，就怕你自己看不起自己。没有人能够给你的人生下任何的定义，除了你自己！你选择怎样的人生目标，将决定你拥有怎样的人生。

（二）完善自我是个人成长的推力

以心理学的行为主义流派观点来看，人是环境的产物，人会在特定环境中学习各种观念和行为，进而促使自己发展变化；建构主义，不论是个体建构主义还是社会建构主义理论都认为人在成长的过程中会不断面临“不平衡”态，因此需要吸纳新的信息建立新的“图式”或认知结构来解决这样的“不平衡”，以达成新的平衡。从认知角度来看，人的学习行为和这种吸纳新信息来实现新的平衡的过程就是完善自我的过程。不断的自我完善意味着不断地发展与成长。

一年又一年不断成长的状态是人生最好的体验。成长的过程中必定包含痛苦与欢乐，但成长的痛苦只会使你以后更欢乐。正如纪伯伦在《先知》中所言：“当你们快乐时，审视自己的内心，你们会发现曾经的忧伤如今却让你们快乐。当你们忧伤时，再次审视自己的内心，你们会发现曾经的快乐如今却让你们流泪。”

想过一种毫无期望的人生绝非什么过错，但你将一无所获。如果你不想从生活中获取任何事物，那你为什么还生活于此？为什么还麻烦自己每天早晨辛苦起床？

很多人都喜欢问这样一个问题：“生活的意义是什么？”如何回答这个问题决定了你如何过你的人生。这世上不存在一个终点，可以让我们在抵达后说：“我已经完成成长。”人生道路本身就能让我们感到心满意足。这如同参加一场竞赛，输赢并不重要，重要的是竞赛过程本身充满乐趣和兴奋。若我设定一个目标并为达成它不断前进，目标最终能否实现也不重要，重要的是我会尽情享受整个过程。

设想你最终成了百万富翁，在竞赛中赢得头名，或创建出一份庞大生意事业，这些到底又有何重要之处？长远看来它们都将随风而去。但经历这些事情的过程——战胜自己的恐惧和逃避，获得全新的能力和技巧，拥有远见卓识，一路接触各色人群，受阻跌倒再拍落身上灰尘等，这些都能令人满心喜悦。

只要你心存完善自我的信念，勇于尝试，多去经历生活的磨砺，这个过程将促使你不断成长，臻于完善！

（三）完善自我是时代的需要

21 世纪是一个信息与科技高速发展的时代，是一个信息大爆炸的时代，信息量呈几何级数增长，并从四面八方涌入人们的生活，让人应接不暇。科技不断改变着我们的观念和生活，为我们带来了诸多便利，也带来了新的挑战——倘若不学习、不进行自我完善与提高，就会落伍，随时会被这个时代淘汰！因此，想要在这个各领域都高速发展变化的时代占有一席之地，就要不断为自己“充电”，不断更新自己的知识，不断提高自身能力和素养，不断审视自己所处环境中的机遇与挑战，抓住机遇发展自我，在挑战中改变自我、完善自我，进而成长为更好的“我”。

这样一个日新月异的时代可以说既是一个好的时代，也是一个坏的时代。好的方面，良好的经济和社会发展形势为每个人提供了数之不尽的机遇，抓住机遇则龙腾虎跃，实现抱负；坏的方面，机遇也是挑战，是竞争，物竞天择适者生存，更强、更努力的个体才能受到机遇的垂青。因此，发展和充实自我、不断完善自我成为时代的需要。

（四）自我完善是不断超越自我的过程

“人生的最大敌人就是自己。”立身命运，唯有自己的超越是正途；超越就是认识自我、敢于挑战自我、战胜自我。当你超越再超越之后，那美好的明天与希望、绚丽的彩虹就会等待着你，包容着你，让你体验到极大的成就感和力量感，而这种成就感和力量感正是形成一个人的自尊所不可或缺的。

俗语常说世上无难事，只怕有心人。不断学习，不断进步，人的一生就是在这种认识自我，超越自我、完善自我的历程中度过的。也许你现在还不是第一，甚至是最后一名，但只要用尽全力，超越自我，永远朝着终点前进，你就有成功的机会和希望，你就有可能成为NO.1！

一个人要超越自我，需要有很大的决心和韧性，需要通过不懈的努力。如果你停留在昨天的回忆中颓废、迷茫，只会更加困惑和无助，找不到方向。如果能勇敢地跨越重重困难，你将获得斩关夺隘的喜悦、重整旗鼓的信心、战胜万难的欢愉和享受。

超越自我的过程就是在不断地完善自我，从而让自己的人生更精彩。真正的强者，是那些敢于挑战自我、超越自我，最后获得成功的“勇士”们！要想塑造一个全新的自我，就不要自我设限，而要敢于突破内心设置的心理高度！

从某种意义上说，人不是活在物质世界里，而是活在精神世界里，活在理想与信念之中。对于人的生命而言，要存活只需要一碗饭、一杯水就可以了；但是要想活得精彩，就要有精神，就要有远大的理想和坚定的信念。

理想信念使贫民变成富翁，使黑暗中的人看见光明，使绝境中的人看到希望，使梦想变成现实。

有一则小故事或许能帮助你重新认识信念与超越的巨大力量。在浩瀚的沙漠中有一支探险队在艰难跋涉，骄阳似火，烤得探险队员们口干舌燥，挥汗如雨。更糟糕的是，他们没有水了。这可怎么办？此时队长从腰间取出一个水壶，两手将水壶举起来用力晃了晃，惊喜地喊道：“哦，我这里还有一壶水！但穿越沙漠前，谁也不能喝。”之后沉甸甸的水壶从队员们的手中依次传递，原来那种濒临绝望的脸上又显露出坚定的神色，一定要走出沙漠的信念支撑他们踉跄着一步一步地向前挪动。队员们看着那水壶，抿抿干裂的嘴唇，陡然增添了力量。最终他们死里逃生，走出了茫茫无垠的沙漠。大家久久凝视着那个给了他们信念支撑的水壶，喜极而泣。队长小心翼翼地拧开了水壶盖，从水壶里缓缓流出的却是一缕细沙。

只要心里有坚定的信念，沙子也可以变成清冽的泉水，给人以无限的希望和力量。

黑人领袖马丁·路德金有句名言：“这个世界上没有人能够使你倒下，如果你自己的信念还站立着的话。”是的，即使在最困难的时候，也不要熄灭心中信念的火把，不要丧失超越的信念和目标。

“完善”不是一个目标，而是一个过程。在这个过程中，我们生命的价值不断显现，我们的生命才显得那么有意义。人要想活得有价值、有意义，就要在人生的旅途中，不断完善自我。

二、完善自我是一种美好体验

感悟生命的真谛

（一）改变从点滴做起

《大学》有言：“自天子以至于庶人，壹是皆以修身为本。”我们所希望的一切改变，其实就是从当下改变自己，从修身开始。甘地曾说：“在这个世界上，你必须成为你希望看到的改变。”若你希望看到别人微笑，可以先将微笑带给他人；若你希望看到城市整洁，自己就要先来做环保；若你希望得到别人的关怀，何不先送出温暖，照顾他人？当我们不再将眼睛盯着别人，而是回归自己的心灵世界，将内心的尘埃打扫干净时，就会发现自己改变了，世界也随之变得美好。

改变别人不是目的，而是自我改变之后的自然结果。能拼好人生这张图，身边的世界也随之调正。很多时候，我们常常会遇到不能改变的事，改变不了这个世界和社会上的许多东西，但是我们可以改变自己，改变我们自身的重量和我们自己心灵的重量，这样我们就可以稳稳地站在这个世界上而不被击倒。

我们必须明白，通过改变自己来改变处境才是最有效的方法。我们没法改变别人，但我们能改变自己；当你改变了，你周围的人也是会慢慢改变的。这个时间也许很长，却很管用，并且不会伤害到别人。

生活是自己的，你的每一天、每一份快乐都得靠自己去感受，去捕捉。改变别人是事倍功半，改变自己是事半功倍。因此，美好生活从改变自己开始！

拓展资源

想改变却困难重重

小文是某重点大学大三的学生，患有焦虑症，因为与宿舍里的一名同学关系不好而影响到自己的情绪和学习效率，想要改善人际关系和人际交往技巧，前来咨询室寻求帮助。小文说自己是一个宁愿自己吃亏、忍让而不愿得罪他人的人，在人际交往中有时即使自己很生气、很委屈，也不会情绪“爆发”，不会去指责对方，也就是我们通常所说的“老好人”。这样处处为他人考虑和委曲求全的方式常常令自己很压抑，很痛苦，有时真想爆发出来，让别人知道自己真正的想法和情绪，但每次都没有实行，害怕毁掉与对方的关系。与宿舍里这名不太友善的同学的关系也是如此，即使自己处处忍让——忍受她与男朋友深夜打电话的声音，忍受她的指桑骂槐，也无法让对方改变一点，自己的情绪也是非常糟糕。小文深感要改变自己的情绪和观念都困难重重。

心灵建议：

小文无法改变她的室友，暂时也无法勇敢地对他人说“不”，暂时无法改变自己对人际关系的观念和行为处事方式，那么只能先通过改变身处的环境即调换宿舍或搬出去住来改善情绪，避免人际冲突所带来的恶劣心境，随后再慢慢尝试改变人际交往中的应对方式。

在生命过程中，我们总会面临改变。不管你愿不愿意，改变总是会来。只是如果你提前准备，是你去改变；如果你不准备，就是等着被改变。

我们会对梦想心存恐惧。你在很多地方都曾听到过这个声音，可能是你的朋友，你的家人，也可能是所谓的“社会现实”；这个声音告诉你要安分守己，别相信什么梦想，梦想需要付出代价！梦想已然变成了一头猛兽。

当我们还是孩子的时候，我们从来不害怕梦想。可惜的是，我们逐渐长大，对梦想的恐惧也越来越大。直到有一天这种恐惧长得比你的梦想还强壮，你就永远被困在了庸碌的现实之中。

每一个伟大的故事都来自于伟大的梦想，飞上天空的莱特、搭建互联网的第一代精英们、登上月球的阿姆斯特朗……我们今天生活中有一大半的东西是三十年前的人觉得毫无可能的。当你使用这些东西的时候，当你发短信、坐飞机、上网的时候，千万别忘记提醒自己，这些成果都是对梦想的恐惧的“小鬼”的胜利。

我们还特别恐惧失败。你也许会因为一个东西不够完美就迟迟不动手；你的脑子里面满是美好的想法，但你却从来没有把他们写出来；你的心中有惊天大志，你却从来不敢动手去做……因为梦想很完美，而现实却困难重重。困难就意味着可能失败，而大部分人认为失败是对个体价值的根本否定，是对自身存在意义的否定。

完美主义是这种恐惧的最强大武器。比尔·盖茨梦想给世界上的每一台电脑装上自己的软件，但在一开始的时候他只能央求 IBM 安装自己的软件，并且只是他们的一部分客户。如果比尔·盖茨希望一开始就达到自己的梦想，一蹴而就，可能直到今天他也只是一个穷困的程序员。

让我们尽快行动起来，每天做一点点，哪怕失败也是一种收获，一步步向你的梦想靠近。

（二）克服对改变的恐惧

我们很容易恐惧改变。当你开始梦想，并且开始慢慢有些改变的时候，你会引起身边人的害怕——“那个太危险，还是回来吧。”“那个不是女孩子做的，你别做啦。”“当初安安稳稳地过日子不是挺好的么？”改变意味着打破原本安稳平静的状态，意味着不确定，意味着风险，意味着失去或代价……人本能地害怕失去和风险，因此我们很容易害怕改变。追求安稳、平衡是人类的一种本能。

要想克服对改变的恐惧，就要运用我们的辩证思维——改变可能意味着失败，也可能意味着收获；改变意味着打破平衡，也可能意味着新的平衡；关键是你如何想如何做！未知永远是魅力无限的，不改变又如何能见证远方的美丽风景和魅力呢？

我们还恐惧幸福。热恋中的人冲破重重阻隔后，往往容易陷入来自内心的恐惧：这种感觉太好了，真会一直持续下去么？你的幸福感会从这个念头开始改变，你会不断尝试收集幸福不再的证据。通常你会成功地发现很多“证据”，此时幸福真的开始离你而去。

对幸福的恐惧主要来自于你内心的资格缺失，我们总是觉得自己“没有资格”这么快乐。如果能用心感受当下的快乐和力量，你会发现我们一直活在幸福当中。我们缺乏的不是幸福，而是感受幸福的能力。

曾经有人问禅师：什么是禅？禅师说吃饭时吃饭，喝水时喝水。来人大惊，说世人皆如是。禅师说世人往往吃饭时不吃饭，喝水时不喝水，所以非禅。吃饭时吃饭，恋爱时恋爱，大笑时大笑，痛哭时痛哭，就不会有对幸福的恐惧，因为你正在体味当下。

认识了这四种恐惧后，你可以思考一下你可能的生命改变，你可能变成什么样子；改变后的你，会有怎样的可能？

1. 美好体验甚于说教

我们说的体验，用心理学术语来解释就是情绪体验，即情的感受或称情感。这是主体在外界刺激的作用下所产生的一种唤醒或激活状态的反馈感受。情绪体验是一种对多种信息源产生的复杂感受。当代情绪心理学家的研究表明，有意识的情绪体验由下列三方面输入的信息整合而产生：第一信息源为由冲击感受系统的外部刺激到脑的输入信息，这个信息源称为“刺激因素”；第二信息源为过去经验的记忆和对当时情境的评价产生附加的输入信息，这个信息源称为“认知因素”；第三个信息源为从内部器官和骨骼肌到大脑的输入信息，这个信息源称为“生理因素”。

现代脑科学认为，大脑的生物化学变化是产生行为、情绪和认知方面变化的物质基础；反过来，精神的变化也可以导致大脑的物质基础的变化。外界心理刺激可以改变大脑的物质基础，这一结论意味着：我们如果总是给人以好的心理刺激，大脑的物质组织就会朝好的方向发展。所以，人的积极情绪体验既能增强大脑物质组织的良性发展和功能释放，也能从认知上强化正性观念，使个体从刺激的愉悦感体验中强化某种信念，达到他人单调说教所不及的神奇效果。

在美国北弗吉尼亚州，一位老人站在河边等候过河。当时天气很冷，又没有桥，他只能想办法跟别人共骑一匹马才能到达对岸。等待了一段时间，他终于看到一群骑马的人来了。他让第一个通过，然后第二个、第三个、第四个……最后仅剩下一个骑马的人了。他来的时候，老人看看他，并说：“先生，你能不能让我跟你一起骑马过河呢？”骑马的人不假思索地说：“当然可以，请上来吧！”在老人离去之前，骑马人问：“先生，我注意到你让所有其他骑马的人通过，而没有要求他们。但是当我来到你面前时，你立刻要求跟我一起骑马。我不解的是，你为什么不要求他们却要求我呢？”老人平静地回答道：“我看他们的眼睛就知道他们并没有爱，要求和他们共骑一马过河是没有用的。可是我一看到你的眼神，我看到了同情、爱与乐于帮助。我知道你会愿意让我跟你一起骑马过河。”这位骑马的人非常谦虚地说：“我非常感谢你说的话，非常感谢。”这位骑马的人就是托马斯·杰斐逊，后来入主白宫成为美国第三任总统。

老人的话是对杰斐逊良好品性的赏识，赏识为杰斐逊带来了愉快的情绪体验，也帮助他“看见”自己身上所具备的优良品质，并在以后的生活中将之发扬光大。

2. 犒赏积极的自我突破

人生的道路并不总是平坦的。我们做每一件事几乎都会面临两堵墙的阻力：一堵是外显的墙，是由整个外部大环境所设置的围墙；另一堵是内隐的墙，是我们内心自我设限的围墙。这两堵墙一直存在着，在我们决定做事的时候，它们就会出现在我们的前方，而决胜的关键，往往就在于我们内心里的那一堵内隐的墙。

要想获得成功人生，就看你是否有勇气和能力来打破阻挡在你面前的这两堵墙，尤其是那堵内隐的墙。很多人花费极大的力气去寻找自我人生无法成功的原因，当他们寻根究底地查找到“罪魁祸首”的时候，却往往发现正是自己内心的自我设限造成了失败的后果。于是，有哲人便提出了一个让人们大吃一惊却是让人思考之后不得不承认的定论：“自己是自己最大的敌人！”因而，“要想获得成功，首先要战胜自己”得到了普遍的认同。

战胜自己，就是对自身的局限进行突破，这一突破非常重要，也有相当的难度，因为它所要突破的是隐存于自己内心里的自我围墙，要想在自我与环境中摸索出突破的方向，不作出一番努力是无法实现的。

实现自我突破，就要专注于自己认定的有意义的事；增强自我优越感，建立自信心。你不必担心突破后的进展，当你的优势得以发挥的时候，你会越来越有信心，你所获得的成就也就会随之而来，你做事的活力也便源源不绝；面对困难时你更能激起热情，你的人生也便一步一步地迈向更大的成功。

做有生命价值感的“全人”

如果我们能够突破自己内心中的那堵墙，并能在有一点突破后及时犒赏自己、欣赏自己，发现自己的优势，增加自己心灵的高度，就会越来越有自我突破的勇气和行动，这实际上是心理学上的强化原理在起作用。

拓展资源

我的表彰大会

准备：白纸、笔、奖状、小奖品、会场、观众。

操作要点：

第一种方案：拿一张白纸写下最近一年内所做过的以前不敢做的事情，以及做完这些事情后的感受和收获。

第二种方案：将自己最近一年内的成长和改变罗列出来，为每一项改变制作一张奖状；置办自己喜欢的物件作为小奖品；准备某个场地作为表彰大会的会场，请亲人或好友到场参加你的表彰会（请他们为你颁发奖状和奖品）。

三、完善自我是一个过程

（一）聆听内心深处的声音

我们绝大多数人，特别是儿童和青年，不是倾听自己的声音，而是倾听爸爸妈妈的声音，倾听老人的、权威的或者传统的声音。

我们每个人最不了解的是自己。人们只了解自己的欲望，不了解自己的本性；只了解自己的所缺，不了解自己的所有；只了解自己的容貌，不了解自己的形象。为此，我们要学会倾听，它就像澡堂里面的镜子，茫茫雾气凝为水珠淌下来之后，镜里面就有真容。

人只有在倾力思考的时刻，才会听到内心的声音；只有在心灵宁静的时刻，才能拨奏琴弦。很多时候，我们的内心都为外物所遮蔽、掩饰，从而听不到或不愿承认自己最真实的想法，因此在人生中留下许多遗憾：在学业上，由于我们还不会倾听内心的声音，所以盲目地选择了别人为我们选定的、他们认为最有潜力与前景的专业；在事业上，我们不去关注内心的声音，在一哄而起的热潮中，选择了那些为众人所看好的热门职业；在爱情上，我们常因外界的作用扭曲了内心的声音，因经济、地位等非爱情因素而错误地选择了恋爱和婚姻对象……我们都是现代人，现代人惯于为自己做各种周密而细致的盘算，权衡可能有的各种收益与损失。我们唯一忽视的，便是去听一听自己内心的声音。

现代社会注重的是效率和速度，而我们作为一个人的优雅在逐渐丧失。那种恬静如诗般的风月在现代已成为最大的奢侈和批判对象。内心的声音，便在这种繁忙与喧嚣中被淹没。物的欲望在慢慢吞噬人的灵性和光彩，我们留给自己的内心空间被压榨到最小，我们已狭隘到没有“风物长宜放眼量”的胸怀和眼光。

当生活变得枯燥乏味，当饥渴的心灵觉得必须要好好审视自己的时候，请试着安静下来倾听最真实的愿望。让内心的声音自由表达关于幸福、美丽和梦想的意义，体会生命之泉给心灵注入的希望和活力。这种倾听能帮助困境中的人们摆脱似乎已停滞不前的生命之舟，带他们跨入人生中的另一个阶段，让他们再度体验生命的甜美。

人人都可以成为自己的心理咨询师。在内心的声音发出呼唤的时候，鼓起勇气响应它，突破现有的舒适的界限，尝试新的愿望和冒险，承担由此而来的责任，体验新的高峰的奖赏，体验丰富了的生命的内在乐趣，体验每一个微小的瞬间的绝对微光。

别让内心的声音徒劳地呼喊，静下来，倾听自己的真正愿望吧！内心的声音在诉说什么呢？它始终如一地提醒我们，要重视我们内心最真实、最持久的愿望和要求。我们到底想得到什么？我们最关注、最在乎的东西是什么？

拓展资源

我的三个愿望

准备：白纸、笔、轻音乐。

操作要点：请在白纸上写下你的三个愿望，这三个愿望要具备时间、地点、人物和事件几个要素。

（二）珍惜当下所拥有的

每个人从降临到这个世界上的那一刻起，就已经拥有了很多东西——阳光、空气、雨露、绿叶、鲜花及家人等。但通常我们很少去注意、去用心感受我们已经拥有的这些东西，我们看着这个浮华多彩的世界，看着周遭过往的人物，我们不自觉地会去比较，比较谁拥有的更多——财富、声望和地位往往成为普罗大众比较的方面；比较谁过得更好……似乎只有通过比较多少和得失，才能衡量幸福，却忘了去细数自己手里握着的东西。

我们经常会犯的一个错误是认为一些东西是理所当然的。阳光和空气不就是理应为我所享用吗？家人不就是理应照顾我、抚育我、原谅我的骄纵和过失吗？事实上，这些理所应当的东西并不是本该如此，也不会永远如此。当雾霾长期盘亘的时候，你会发现原来阳光和纯净的空气是应当珍惜的，原来我们曾拥有那么灿烂的阳光；当你失去家人的时候，会发现原来家人是你温暖的港湾，是你永远的心灵慰藉，应当在拥有时好好珍惜，共享天伦之乐。

当你为没有鞋子穿而哭泣的时候，有人却连脚都没有。懂得珍惜当下的人能够看到当下的珍贵，能够用心活在当下，用心去体味当下的美丽与幸福；才能用乐观积极的心态去看待当下的困难与挫折，有勇气去战胜它们，有热情去迎接生活所赋予的一切。

（三）成就自我实现的预言

自我实现就是充分发挥自己的潜力，展现自己的才能。只有当人的潜力充分发挥并展现出来时，心灵才会感到最大的满足。

人本主义心理学大师马斯洛尝试归纳出那些对生命感到满意、能发挥潜能又具有创造力的人的共通点。结果发现这些人之所以较不易受到焦虑与恐惧的影响，是因为他们对自己及他人都能抱着喜欢及接纳的态度。他们虽然也有缺点，但因为能够接受自己的缺点，所以他们较一般人更真诚、更不防卫，也对自己更满意。

人本主义的心理学家及教育家相信每个人天生具有自我实现的倾向。根据马斯洛的需求层级理论，当一个人较低层次的需求（如安全感）获得基本满足之后，他便会转而尝试满足更高层次的需求（如自我实现），他对生命的满意度也随之提高；但是当这样的倾向受到阻碍，譬如孩童时期遭遇父母的冷酷态度或拒绝，就会影响个体自我概念的健康发展和对现实世界的觉察，容易导致自我防卫，难以成为自我实现的人。

我们时刻都在与自己相处，如果能够认识并接纳自己，对自己有合理的期望，善于利用每个成长机会改进自己、完善自己，你的一生就会快乐、充实，有意义；反之如果未能建立良好的自我形象，就容易产生角色混淆，不知道自己是谁，不知道自己属于谁，与人相处也会很困难。

大学阶段是一个人从青春期向成年期转变过渡的重要时期，也是人的自我意识发展、完善的重要时期。正确地认识自我、评价自我、悦纳自我，有效地控制自我，科学地发展完善自我，有助于增强自信心，向自我实现迈进。

第三章

确立积极的人生目标

向上看它是信仰，向下看它是意识；向远看它是理想，向近看它是计划；向外看它是抱负，向内看它是责任。请猜一猜，它是什么？

它就是目标！

“做个有影响力的人”“做个可以自食其力的人”“一生平安”……很多时候我们都会对未来有着各种期待和追求，其实，它就是我们对于人生目标的一种描绘。人生目标,指一个人对自己一生所要达到的预期结果的整体规划,其中包括对人生的理念和对自己优势潜能的确认，以及具体阶段性任务的确立。它是我们对于一生的想象和设计，也是我们人生方向的指引和动力。而积极的人生目标，不仅包含从自身实际出发的人生设计和追求，更应该是能够促使我们持续健康发展、实现自我潜能并具有社会意义和价值的目标。

第一节　确立积极目标

对于许多大学生而言，“目标”这个词往往熟悉又陌生。在进入大学之前，我们的目标简单而清晰，那就是“考上大学”。在这个目标的指引下，我们充满动力、日夜苦读。然而，当“考上大学”的目标实现时，我们又将“去向哪里”呢？对于我们而言，大学，绝不仅仅是一个获得谋生手段的地方，更是一段需要我们去认真思考人生，真正确立我们的价值观、人生观、世界观，明确一生奋斗目标的时光。因为，有无目标的人生是大大不同的。

哈佛大学曾做过一项长达 25 年、关于目标对人生影响的跟踪调查。对象是一群智力、学历、环境等条件都相差无几的毕业生，调查结果发现：27%的人没有目标；60%的人目标模糊；10%的人有清晰但比较短期的目标；3%的人有清晰且长期的目标，并能把目标写下来，经常对照检查。

25 年的跟踪研究，他们的生活状况和分布现象十分有意思：那些占 3%的有着清晰且长期目标的人，25 年来几乎不曾更改过自己的人生目标，他们朝着同一方向不懈努力，25 年后，他们几乎都成了社会各界的成功人士，其中不乏白手创业者、行业领袖、社会精英；占10%的有清晰但比较短期目标的人，大都生活在社会的中上层，他们的共同特点是：短期目标不断被达成，生活状态稳步上升，成为各行各业不可缺的专业人士；占60%的目标模糊的人，几乎都生活在社会的中下层面，他们能安稳地生活与工作，但都没有什么特别的成绩；剩下那 27%没有目标的人，他们几乎都生活在社会的最底层，他们的生活过得不如意，常常失业，靠社会救济，并且常常抱怨他人，抱怨社会，抱怨世界。

你想成为什么样的人，想拥有怎样的人生呢？其实人生在一开始就是一个选择。当我们拥有明确的目标时，我们就比那些彷徨失措的人已经领先出发了；而我们选择了怎样的目标，就会去成就怎么样的人生。

目标有许多的分类方法，根据规划的长远性不同，可以将其分为长期目标和短期目标。长期目标常指五年以上的目标，它着眼未来，为短期目标指引方向、增强动力；短期目标多指一到两年内的目标，它着眼当下，为长期目标积攒力量、夯实基础。两者相互制约，相互影响。

一、确立长期目标

大学是什么？相信许多大学生在备战高考的日子里都曾听到过这样的话——“等考上大学就好了”“等考上大学就轻松了”。可是，大学真的是这样的吗？

不可否认，与过去“被满满安排”的高中生活相比，大学生获得了更多的自由和时间，开始更加独立自主地面对学习、生活。然而，大学生们也面临着新的任务和挑战。

从大学生心理发展阶段来看，处于青年期的大学生们，有着一个非常重要的心理发展任务，那就是完成“自我统一”。这是对自我的一种综合和确定，一种“知道个人未来目标”的感觉。在自我统一的过程中，需要我们将自己的过去、现在、将来组成一个有机整体，回答“我是谁”“我是一个什么样的人”“我想要成为什么样的人”等问题，从而确立自己的人生观和价值观，并对未来自我的发展做出思考。当我们在大学中感到痛苦迷茫、不知所措的时候，其实正是自我对内关注和整合的开始。

从现实层面来看，“大学学什么”“学了为什么”，这也是困扰无数大学生的普遍问题。当我们穿过了高考独木桥之后，学生角色虽然仍是我们身上最为重要的角色，但是我们大都清楚，它的发展是为我们人生下个阶段步入社会做好储备的关键。因此，大学里，我们面临的不仅仅是专业知识技能的学习，更需要明确自身未来发展的目标和方向，以更好地指引我们前进。

（一）放眼未来确立长期目标

大学里为什么而学习？当我们为这个问题倍感迷茫的时候，其实也正是我们急切需要为自己确立长期目标的时候。

长期目标，是我们对未来的一种期待和规划，它源于我们内心最深的需求。唯有把握这种内在需求，长期目标才能真正激发我们前进的动机。对于大学生而言，对未来的期待和规划，可以将其具体为“我想成为什么样的人”“我将来想做什么样的事”这两个问题的回答。而如何回答这两个问题，个人愿景的具象化和从实际出发的内外环境评估是关键。

首先，我们需要跨越现实看未来，从内心去体会自我对生命的内在渴望，通过对未来的想象，将我们的人生具象化，清楚我们想要到达的地方。这样，我们才能更好地进行长期目标的确立和路径的选择。在这其中，敢于想象是十分重要的。因为，长期目标的确立，是一份对未来可能性的规划，如果不能大胆憧憬，那我们确立的长期目标十之八九也就不会是什么远大的目标，个人潜能的实现也就无从谈起。

那么，让我们一起来想象未来吧！如果你可以拥有一样魔法，可以看到未来的话，你希望你的未来是什么模样的呢？

善爱自己，提升生命的价值

拓展资源

遇见理想的自己

让我们闭上眼睛，调整呼吸，全身放松，开始想象。在未来的某一刻，你遇到了理想中的自己，你的整个生命都处于一种轻松、满足、快乐的状态。那你会怎样描述那个时候的自己呢？那个时候的你是什么样子？过着什么样的生活？做着什么样的工作？那个时候的你会给现在的你说些什么？

请仔细想象，并把它详细记录下来。

孩提时的我们，大都写过“我的理想”这样的作文，科学家、老师、飞行员、医生……都曾成为我们儿时的人生目标。但是今天当我们回想起这些的时候，我们大都只能付之一笑，甚少有人仍然将其作为自己的人生目标。究其原因，根本在于当时的理想只是美好的想象，我们并没有进行真正科学有效的决策。因此，对未来的想象，只是我们确立长期目标的开始。在此基础上，我们还需要从现实出发，切合自身实际和社会需求，从而确立真正的长期目标。这也是一个十分重要的“知己知彼”的过程。

所谓“知己”，即对自己进行全面的认识和了解。唯有不断增强自我认知，我们才能真正去看到自己未来发展的可能性。兴趣、性格、能力和价值观都是我们在进行目标确立前需要重点探索的部分。兴趣的探索会让我们看到自己喜欢做的是什么，性格的探索会帮助我们看到自己适合做的是什么，能力倾向的探索会让我们更加多元地认识自身的潜能，而价值观的探索则会帮助我们看到在人生中我们最看重的标准和原则是什么。我们可以通过专业的心理测评去认识自己，也可以通过自我觉察、他人反馈、社会比较等来认识自己。当然，积极参与社会实践也是我们不断完善自我认知的重要途径，特别是对于过去专注于读书而甚少有时间去真正探索自己的大学生而言。

所谓“知彼”，即对社会环境的认识和了解。唯有对社会环境有充分的了解和预判，我们才能更加清楚社会给予我们发展的空间和可能。因此，要确立长期目标，对社会政治经济发展、国家政策、就业形势及其前瞻趋势等的了解都是必不可少的。对于大学生而言，事业目标往往是我们这个时期设置的长期目标中十分重要的部分。因此，对社会职业的分类及特点、目标行业的发展前景等也需要进行充分了解，这样我们才能更加具体地确定长期发展的目标。

拓展资源

知己知彼的意义

小王，某大学材料专业大二学生。当他第一次来咨询的时候，他自己好像也不太说得清楚自己想解决些什么问题。他对自己的现状十分苦恼，从进校开始他就十分不喜欢所学专业，所以上课也没有什么心思，慢慢地，成绩也落了下来。小王觉得很沮丧，但是也不知道怎么办。小王觉得自己是个喜欢和人打交道、做充满自由和挑战的工作的人，而自己的专业好像就是做技术、和机器打交道，因此感觉实在没有兴趣学习。当老师和小王进一步讨论时，小王突然发现自己好像并不了解这个专业，不知道它要学些什么，也不清楚未来去向和发展空间有哪些；对于未来，小王好像也并不清楚自己想要什么、能做什么，一片茫然。

分析及建议：从小王的情况来看，不喜欢所学专业、缺乏专业兴趣似乎是导致其产生困扰的主要原因。但从根本上看，小王专业认知的缺乏和自我探索的不足才是问题所在。兴趣是建立在我们对事物了解的基础上的，而小王对专业的“不喜欢”却缺乏深入的了解，仅凭个人感觉朦胧判断。这让小王无法将自身的兴趣与专业学习建立有效连接，因此看不到目标，动力丧失。因此，对于小王而言，要打破认知的局限，就需要积极地对专业发展、就业前景、职业类别等进行更加深入的了解，看到专业里的不同领域和发展空间；要增强学习的动力，还必须将专业学习与个人愿景相结合，进一步对个人兴趣、性格、能力、价值观进行深入探索，从而确立个人发展的长期目标。

（二）端正心态面对目标空缺

“两耳不闻窗外事，一心只读圣贤书”，对于许多大学生而言，这就是我们迈入大学前的生活写照。我们埋首读书应试，唯有“考上大学”一条信念。然而，当大学之门向我们敞开之后，我们突然发现，过去十多年的目标终于实现了，我们的需求得到了满足，前进的动力也随之丧失了。

很显然，在过去的人生中，我们并没有为进入大学之后做过准备，我们往往缺乏自己确立目标的习惯。因此，进入大学后，我们常会感觉突然失去了方向，开始焦虑不安，茫然失措。我们将其称为“目标的空缺期”。这个时期能否正确度过，将直接影响着我们大学学习生活状态和未来发展的可能。

拓展资源

目标空缺期的迷茫与焦虑

小徐，某大学大一学生，大一下学期前来咨询。小徐说：刚进大学的时候，觉得像换了一个天地一样，没有了高考的压力，不用一天到晚学习、考试，每天上完课之后就和室友一起上上网、出去逛逛，觉得很轻松。可是时间久了，觉得生活得很空虚，进大学这么久了，仔细想想，竟然想不起自己一天在做些什么；自己上学期考试还可以，老师和家长也一直强调上了大学也不要放松，要好好学习，但是每天上课、自习，好像就是为了考勤和考试一样，很无聊，也不知道做这些有什么用。和高年级学长交流，又觉得他们说的找工作、考研好像离自己也很远，感觉自己很迷茫，也很焦虑。

分析及建议：目标缺失是导致小徐在大学中感到迷茫的重要原因。这也是大学里十分常见的案例。从高中到大学，当我们高考目标达成、新的目标还未确立之前，必然会有这样一段需要重新确立方向的时期。如何认识和面对这个时期是能否正确度过这个时期的关键。接纳因目标缺失而产生的迷茫焦虑、看到自我成长和探索的内在需求，是解决这个问题的积极开端；而确立行动计划，在行动中消除困惑、明晰方向是问题解决的关键。

如何度过目标空缺期？认知调整是基础。当面对目标空缺时，许多大学生常会陷入茫然失措、焦虑不安的情绪之中，意志行为能力也随之减退，甚至衍生出自责、无助、无望、无意义感。其实，当我们换一个视角来看待目标空缺期的迷茫和焦虑时，情况则大不相同。我们为什么会因目标空缺而迷茫、焦虑？因为我们对自身有着积极的期待，因为我们在开始思考自身的处境和未来。只是，目标的确立是需要一个过程的，我们要给予自己探索和成长的时间和空间。当用这样的视角来接纳空缺期的迷茫和焦虑时，我们的不良情绪会得以平复，自我效能感也会得以提升，对于未来我们也将有更加积极的态度。

当然，要度过目标的空缺期，真正确立长期目标，积极行动是关键。目标空缺期，它绝不是空白期，而是一个探索期和储备期。在这个时期，我们所需要做的就是进行大量的实践探索、不断试错排错。对于完全没有任何方向的同学来讲，开阔视野、积极尝试是关键。唯有接触尝试，我们才能找到自己的兴趣和方向。在大学里，图书馆、网络资源、各类讲座、老师、社团活动、社会实践等都是我们接触不同领域的重要途径；对于已经有了初步方向的同学来讲，则需要进一步加强针对性探索，明确确立个人长期发展目标。比如有同学希望以后自己创业，那就需要进一步了解创业的社会环境、各项政策，并结合自身资源确立具体的创业目标；有的同学希望就业，那就需要进一步增强对目标行业的探索和实践，结合自身特点进行就业目标的确定。

总体来讲，长期目标的确立，是一个需要以未来为导向来进行理性决策的过程，而对自我和社会的认知是决策的关键。对于大学生而言，从高中到大学，大都会经历一个目标的空缺期，这段时期其实也正是我们再次思考人生、确立目标的关键期，而接纳空缺期的迷茫焦虑、增强行动力是度过目标空缺期的制胜法宝。

二、确立短期目标

“积土成山，风雨兴焉；积水成渊，蛟龙生焉；积善成德，而神明自得，圣心备焉。

故不积跬步，无以至千里；不积小流，无以成江海。”长期目标的实现绝非是一蹴而就的。在大学中，我们经常看到这样的情况：“我要考过四级。”“那你每天计划背多少单词、做多少阅读？”“离考试还有几个月呢。”“......”“我以后想进科研所。”“那你是怎么准备的呢？”“现在我才大一，还早吧。”“......”只有目标，没有行动，那目标就只能是空想。

有这样一个实验，有三组人分别沿着三条公路向 10 公里以外的村子步行行进。不同的是，第一组的人不知道去哪里，也不知道路程有多远，他们只被告诉跟着向导走就可以了；第二组的人知道村子的名字和路段，但路边没有里程碑，只能凭经验估计行程时间和距离；第三组的人不仅知道村子的名字、路程，而且公路上每一公里就有一块里程碑，人们可以边走边看里程碑。大家觉得，哪组人最容易完成任务呢？实验证明是第三组。

究其原因，漫长的路程被分解为一段一段时，人们可以更加清晰地把握自己前进的行程；面对遥远终点的巨大压力也因此被分解为多个一公里的适度压力；而每前进一公里，里程碑都会给人们一个及时的反馈，激励人们继续前进。这就是在长期目标达成的过程中设置短期目标的意义所在。

（一）立足现实确立短期目标

短期目标着眼当下，为长期目标积攒力量、夯实基础，这是它的基本任务。因此，短期目标要以长期目标为核心，从实际出发，将长期目标具体化、可操作化。它可以是一年的目标，也可以是一个月、一周、一天的目标。对于大学生而言，“大学学什么”是其确立短期目标的核心问题。无论我们的长期目标是什么，大学都将是我们修学储能最为重要的时期。那我们大学四年该如何度过呢？我们可以根据不同年级所处阶段的特点进行短期目标的设置。

大一学年：从高中到大学，面对新环境的变化，适应是主题。如何尽快地适应学习、生活的变化，融入新的人际团体是这个时期的主要任务，学业、生活和人际交往是这个阶段目标设置的核心。

大二学年：这个阶段的大学生对环境已经足够熟悉，大都已经适应大学的学习生活，因此，这是一个夯实基础、能力提升的重要时期，但同时也是容易出现学业倦怠和专业迷茫的时期，即通常所说的“大二病”。因此，大二阶段，对自身的进一步探索和能力的提升是这个时期的主要任务，可以从学业发展、社会实践等方面进行目标的设置。

大三学年：这是大学生全面发展自身素质的重要时期，专业学习进入深化阶段，思想观念也日趋成熟，对毕业后去向的思考也提上关键日程。这个时期，可以从专业学习、职业能力培养等方面进行目标的设置。

大四学年：这是一个抉择和行动的时期，需要更加清晰和理性地思考未来。这个时期，可以将目标分解为学业目标、就业目标和毕业后的生活目标。

事实上，当我们确立了长期目标后，就需要问自己：实现这个目标需要什么条件，列出实现目标的必要条件和充分条件；这些条件，就是实现长期目标需要完成的第一级目标；然后继续追问，完成第一级目标需要什么条件。这样，层层分解，我们最终就会获得明确的短期目标，并建立起一套完整的实现长期目标的目标体系。

拓展资源

目标设置练习

1. 请写下你本学年的主要目标。

2. 要达成这些目标，需要什么条件？（请写下具体条件和达成时间）

3. 反向核查：如果上一步中所列出的目标都已达成，那么你的本学年目标是否一定能够达成？如不是，请进一步完善上一步的回答。

（二）提高警惕，戒除浮躁心理

浮躁，为轻浮、做事无恒心、见异思迁、不安分守己、总想投机取巧、成天无所事事之意。现代社会，"快"便捷着我们的生活，却也损伤着我们的精神世界。在对"快"的追求中，我们开始失去耐心，不愿等待，越来越心浮气躁。我们急于收获，却难以耐心耕耘；我们渴望成功，却不愿认真付出；我们焦躁不安，急功近利。这种浮躁心理大学校园也未曾幸免（表 3-1）。

表 3-1 大学校园的"浮生百态"

典型类型	主要表现
急功近利型	渴望成功、成名，但从不扎实付出，所有行动都急于获取回报，目光仅局限于眼前、当下利益。一旦没有回报，就马上撤离或者干脆不做
不思进取型	高举学习无用论，学习敷衍了事，只是考前冲刺，六十分万岁
盲目跟风型	没有自己的想法和打算，盲目跟随大流，别人考证就考证，别人考研就考研，目标经常在变化
眼高手低型	自我期望过高，不屑从小事做起，总是幻想一步登天
全面开工型	胡子眉毛一把抓，什么都想做，什么都想要，忙做一团，却一无所获

究其原因，对未来的不确定和学习动机的缺失是造成大学生浮躁的主要因素。对于许多大学生来说，看不清前途、不知道自己想要什么、不满足现状但却不知如何努力；失去了高考的外部动机激励，也缺乏对学习的好奇心和兴趣，当面对就业压力和社会环境的影响时，如何快速地获取奖励、工作、金钱等往往就成为许多大学生的注意力之所在，我们也因此变得功利浮躁。然而，论语有云："欲速则不达，见小利则大事不成。"当我们深陷于这样的浮躁心态时，就会在盲目中失去对自我的正确认识和科学发展规划的能力，也更难以俯下身去脚踏实地、扎实行动。

因此，要戒除浮躁，首先我们需要树立远大的人生目标。为了什么而学习？对于大学生而言，唯有将自身的发展与社会需要相结合，才能得到社会的认可，也才可能取得真正可持续的发展。许多深陷浮躁的大学生，在学习时常困惑于“学习这个是否有用”。其实，对于我们每一个人而言，我们的认知都是有一定局限性的，仅局限于当下的有用无用评断，会使得我们丧失长远发展的能力。要知道，能力的发展一定是一个逐步累积的过程。因此，树立远大的人生目标，在目标体系的统筹下确立长期目标和短期目标才能更好地戒除浮躁。

当然，经常性的自我检查对于戒除浮躁也是十分必要的。当我们为考取各种证书、参加各类活动忙碌时，思考过我们考取证书、参加活动的真正目标是什么吗？我们是否已经在行动中迷失了方向？当我们平时不投入、考前忙碌突击时，自省过我们大学学习的目标到底是什么吗？我们的行动使得我们离这个目标是越来越近还是越来越远？我们只有在过程中经常自省自查，才能更好地把握初衷，避免浮躁。

其实，虽然浮躁充满了冲动性、情绪化和盲目性，但我们换个视角看它，浮躁的背后也隐藏着我们想去做事的心理能量。只是，我们还需要张弛有度地进行时间管理和效率提升。2012 年，清华大学学霸姐妹花之一的马冬晗的一张“作息时间表”吸引无数人关注，在那张时间表上，密密麻麻地记录着马冬晗每一周每一天的课程安排、自主学习、生活工作等方面的详细计划。对于易于浮躁的大学生而言，这也是一项十分具体而有效的行为训练，将每一个目标化解为具体的行动内容，从实际出发，从小事做起，在细致的计划和实践中学会务实与耐心。

三、目标的调整

目标是对未来的规划，建立在我们对自我和环境评估和预判的基础上。随着内外环境的变化，在实现目标的道路上，我们可能会发现短期目标与长期目标不一致，或者目标与现实内外环境不匹配，及时调整就成为必然。在目标调整中，我们需要把握以下三点。

（一）始终把握方向

不忘初心，方得始终。对于大学生来说，大学是人生道路上修学储能的重要驿站，然而，许多同学进入大学后却忘记了读大学的根本目的，以为这里就是人生的保护站和安乐窝，忘记初心、失去目标、混沌度日。赶路不忘常看路，唯有常抬头看路，才能始终记得出发的方向。

在目标体系中，始终把握方向是长短期目标科学设置的重要保障。长期目标指向未来，短期目标着眼现在，短期目标是长期目标的具体化、现实化和可操作化，短期目标到长期目标应该是协调统一、环环相扣的。然而目标设定在我们当下的认知和环境基础之上，认知的有限性使得我们很难保证能与设定的目标完全一致；而在目标执行过程中，也常会有一些意外因素发生。因此，唯有始终把握最终的方向，才能确保目标一致，不会迷途。每日三省吾身，问自己“我的目标是什么？我今日所完成的工作是否让我离目标更近一步。”或许是我们最为方便的看路方法。

当然，人生目标的实现是一个漫长的过程。在这个过程中，有鲜花与成功，也不乏荆棘与失败。常抬头看路，始终把握方向，也能使我们更好地面对当下的困难和挫折，充满前行的希望和动力，如同在北斗星的指引下前行的沙漠旅人，终能走出沙漠。

（二）定期评估目标

目标的科学与否，需要定期评估。一个好的目标，应该具备五个元素。①可确定的：目标是具体、明确的；②可衡量的：目标必须可以用数字描述或者可以将其表现形态用数字化指标补充描述；③可接受的：目标必须可以为目标执行人所接受；④现实可行的：目标是主客观条件可以实现的；⑤有时间限制的。只有符合这五个元素的目标，才是一个科学的、可实践的目标，否则都只是空谈。比如，我们许多人喜欢给自己许下“过好每一天”的目标，可是却很少有人去进一步落实“什么样的一天才算是过得好的一天”，于是这个目标就成为抽象、难以把握的东西，于是便有了许多的“随性自然”和随波逐流。

拓展资源

评估四问

（1）这个目标够具体吗？
（2）这个目标有完成时间要求吗？
（3）这个目标完成结果能有效衡量吗？
（4）这个目标对我来讲困难吗？

目标的实现与否，也需要定期进行评估。亦唯有定期评估，才能保障目标的落实和实现质量，为最终目标的达成打下坚实的基础。“我计划每天记 30 个单词”，对于许多要考英语四六级的大学生而言，这或许是最常定下的目标，但是是否记到了这 30 个单词，唯有定期评估，才能保证通过英语考试所储备的单词量足够。因此，目标的达成，需要建立目标评估清单，详细列出实现目标的具体指标、完成步骤和时限，定期比照检查。

目标的定期评估，如同我们的定期体检一般，是检验目标设定是否科学和目标是否达成的重要手段。

（三）适时调整目标

目标的设定绝不是一个一锤定音的过程。在实现目标的过程中，随着主客观条件的变化，适时调整是确保目标科学有效的必然选择。

拓展资源

我该坚持考研吗

小徐是某高校一名即将大四的工科生，面对大四去向的困惑来找老师沟通。他告诉老师：“我以前一直打算考研究生，可是现在马上大四了，我还有 7 门课程没有考过。我是否该继续坚持考研的想法呢？老师说：“考研是一个需要大量时间和投入的过程，对于大四的课程和那 7 门没有考过的课程，你是如何计划的呢？你能够做到在备战考研的同时完成这些课程吗？”小徐陷入沉默。

分析及建议：对于小徐而言，考研虽然是一直以来的目标，但“顺利毕业”是他首先要面对的现实问题。小徐的学业现状与考研目标无法匹配。因此，目标调整成为必然。对于小徐而言，必须立足自身的学业现状，考虑学校对其学业的基本要求和自身时间精力的有限性，优先毕业目标。

目标的适时调整是建立在对客观环境和自身情况动态评估的基础上的，这其中可能涉及根本方向的调整，也可能涉及目标自身设定科学性的调整，抑或是目标达成策略的调整等。尽管我们都需要坚定：目标一旦确立，就不要随意更改，尤其是长期目标。因为目标的意义在于指引，如果我们前行的方向总是变换，或许就只能在原地打转了；而且如果更改目标成为习惯，那么这个习惯就很有可能让我们一事无成。但是，在人的一生中，个人和社会的发展变化，以及一些不确定因素的存在，也可能会使我们开始确立的目标出现偏差或错误，因此，我们也必须根据具体情况的变化适时调整目标。

第二节 化人生压力为目标动力

有人认为，设定目标之后会给自己带来很大的压力，甚至扼杀生活的快乐。但另一种耳熟能详的说法是，有压力才有动力。确实，人生何处无压力，在踏进大学校园的同时，很多大学生感受到了扑面而来的压力，考级和证书的多样性、评优评奖机会的有限性、就业形势的严峻性……压力之下，有的大学生很容易丧失斗志，失去前进的动力。因此，我们需要化压力为动力，用目标来点燃动力，激励自己不断向前。

一、有目标必有压力

（一）认识压力

压力原本是物理学上的一个概念，指两个相互接触的物体相互挤压发生形变产生的力。从心理学角度来讲，压力是人在面对难以适应的环境要求或威胁时产生的一种紧张、焦虑的心理状态。有的大学生在进入大学后发现，大学比高中更累，课业依然繁忙，身边藏龙卧虎，不乏各种“学霸”，每天都有人比自己更努力，以至于每次看到早起的室友或路过灯火通明的自习室，心里就会莫名紧张，这些同学感受到的就是来自学业的压力。学业压力是很多大学生需要面对的首位压力，除此之外，远离家乡、独自生活、经济不独立、结交新朋友、考试、就业、情感等都是大学生常见的压力来源。

压力会引发许多生理和心理问题。首先，压力会损害生理健康。人在压力之下会出现血压和心率升高、肾上腺激素分泌增多、皮肤电改变等生理反应，这些反应在短时间内是适应性的“应急反应”，可以帮助我们更有效地应对压力情境。但如果压力持续过长或强度过大，身体会继续处于“应急反应”状态并损坏健康的身体组织，免疫系统因被过度刺激而受破坏，血管和心脏等身体组织出现机能衰退，致使抵抗力下降，感染疾病等。可见，压力不仅能增加患病的可能性，也能直接引发疾病，这类因压力而产生或加重的疾病称为心身疾病，包括高血压、胃溃疡、心脏病等多种疾病。其次，压力会破坏心理平衡。过度的压力不仅会诱发焦虑、抑郁、易怒等负面情绪，导致情绪不稳定；还会影响认知与思维，使认知产生偏差、注意范围变狭窄、思维灵活性减弱、记忆力下降；还会直接影响行为，使人出现退缩行为（如回避交往）、攻击行为（如骂人、打人）、强迫行为（如优柔寡断）、冲动行为（如非理性消费、酗酒等）。

但压力也并非毫无用处。从人类进化、生存和发展的角度来看，压力是一种适应性的生存机制。压力唤起的应急反应，让人的身心处于唤醒状态，对威胁保持警觉，同时采取行动加以应对，这都有助于人类对环境的适应。应对环境威胁的过程中积累的经验和资源继而增强人类应对困境的信心，提升应对能力，促进人类的成长和发展。以人的出生为例，有研究者曾经认为，狭窄的产道是人类进化的一个障碍，因为如果产道再宽大一点，人脑的容量就可能再大一些，人也就会变得更聪明一些。但现在普遍接受的观点是，婴儿出生时经过狭窄的产道被挤压的过程，有助于激活其全部的心理生理功能，增加对疾病的耐受力。有统计数据也表明，自然分娩的孩子总体上比剖宫产的孩子要健康一些。此外，但完全没有压力的状态也是难以想象的，有的研究者甚至认为“人只有在死亡状态下才完全没有压力”。没有压力的生活是空虚无聊、毫无生机的。

压力对人的影响是多方面的，不仅损害健康，引发疾病，还会影响情绪、认知、思维、行为等心理过程，降低我们应对现实的能力。

（二）长期目标与压力

长期目标着眼未来，是我们前行的指引。但是对于许多刚刚迈入大学的学生来说，眼前一片迷茫，未来似乎很遥远。刚从高考的阴霾下走出来，进入相对轻松和自由的大学，新生或多或少都会感到一丝迷茫。多年来，一直把“考上大学”作为最终目标而“寒窗苦读”，进入大学后却发现自己没有了目标，不知道为什么而学，不知道将来要做什么。与此同时，内心强烈的成长需要和环境中的各种压力让大学新生们经历多重苦恼的挤压，内心常焦躁不安。这正是目标空缺期带来的压力，其普遍存在于大学新生中。任何目标都不是靠冥思苦想或灵光一现而来的。目标的确立，需要大量积极主动的探索和试错排错的尝试，因此必然存在一个空缺期。进入大学之前，大部分学生对自己的了解往往很少，对自己以后的生活更鲜有明确的想法。因此，对于大学新生来说，目标空缺期是他们必须要经历的一个阶段，在这个阶段寻找目标的过程也是一个不断深入认识自己、发现自己的过程，在此基础上才能制定符合自己主客观情况的目标。

在大学生中，长期目标带来的压力还经常表现为“想”追求的目标与“不得不”追求的目标之间的冲突。“不得不”追求的目标往往是父母强加的，很多中国父母习惯于替孩子设计人生道路或在无意识地将孩子作为自己梦想的替代实现者。比如，在高考志愿的填报上，典型的中国式家庭中“孩子负责考试，父母负责填志愿”，孩子的志愿由父母代为填报，而父母在填报志愿时往往主要考虑专业的发展前景、社会需求等现实因素，较少顾及孩子的真实需求和喜好，结果导致很多大学生所学专业与自身喜好毫不相关，学习只会让他们陷入冲突，感到压力。对于这部分大学生来说，应尽快确定一个方向，要么说服自己认同现在所学专业，要么寻找机会重新追求自己的梦想。

可见，长期目标给大学生带来的压力主要是目标空缺期的焦虑和“想”与“不得不”追求的目标之间的冲突，焦虑和内心冲突都是压力的表现形式。

拓展资源

学不进去的大学生

包同学，男，某省属高校重点专业大二学生，因“学不进去”前来求助。从小到大对我来说，学习都是件挺没意思的事情。从小学开始，学习就带着很强的目的性——小升初、初升高、高中考大学——这也是家长想要的——只有这样的阶段性目标，而没有长期目标，所以逃避学习的心理一直存在。刚进大学的时候稍微好一点，我所学的专业虽然不是自己选择的，但毕竟是全新的领域，能让我产生一些好奇和新鲜感，因此开始时上课我还能听得进去。但一个学期过去了，对学习的兴趣越来越低，我不知道学习能带来什么，从中得到的乐趣也越来越少，再加上班级和学生会的事务很多，所以学习上的事情总是被我拖延，拖到没法再拖的时候，效率又特别低，一看书就分神，脑子里乱七八糟的想法都出来了，没法静心看书。结果，期末考试成绩下滑得厉害，我觉得不能再这样下去了，严重拖后腿了，如果不提高学习成绩，我在大学做的其他事情也没有意义了。

心理分析与建议：包同学“学不进去”的最根本的原因还是进入大学后学习上缺乏明确的目标，动力缺失。他逃避学习，拖延学习，学习成绩下滑，这进一步又带来担心、自责等负面情绪，就更影响学习了。建议包同学重新思考大学学习的意义，重新确定学习在自己大学生活中的位置，并树立阶段性目标和长期目标，同时改进学习方法，进行有效学习管理。

（三）短期目标与压力

短期目标从现实出发，着眼当下，为长期目标积攒力量、夯实基础。但对于不同的人来说，其作用是不一样的。以大学英语四级考试为例，好多大学生给自己定下的目标是大一一定要通过考试，结果是：有的大学生如愿实现了，但也有少部分大学生，直到毕业也没有通过。同样一个目标对有的大学生来说是很难实现，而对有的大学生来说并不难。究其原因，首先是因为他们原本的英语水平不一样。短期目标应该是“跳一跳就能够着”的，也就是比现有的水平高一点，这样更容易实现。英语基础好的大学生可以把过四级的目标放在第一学期或第一年，而基础相对较差的大学生则应该适当推迟，给自己更充分的准备时间。其次，短期目标是一个阶段的目标，阶段可短至一周、一个月，也可长至一年、两年，因此光制定目标还不够，还需要根据短期目标制订详细的计划，最好具体到每一天该完成的任务，这样一天天积累，积少成多，短期目标就更容易实现。最后，太过宽泛或笼统的目标也会让人感觉太难。有的大学新生会设定“把人际关系搞好”“好好学习”之类的目标，但这样的目标不够明确，如同水中月、镜中花，让人感觉可望而不可即，不仅难以评估目标的进度与达成度，还很容易带来挫败感。有研究者将这种不明确的目标带来的挫败感称为 IFD（三级失调症状，即理想、挫折、消沉）。它始于为了某个理想而奋斗，这个理想得到了高度重视，却又难以说清或实现，不能实现理想，又不愿放弃，人会感到极大挫折，持续的挫折让人意志消沉。因此，现实、明确、可操作的短期目标才更容易实现。大学生应学会把内心的美好期待或愿景转化为可实现的短期目标，如“把人际关系搞好”可转化为“2 个月后认识班上所有同学，并从中选择 2～3 个志同道合、可做朋友的人”。

自我探索

让目标更明确

参照以下步骤，把模糊的目标转化为明确的目标。

最初的目标：我想学好英语。

自我提问：我想学好英语的哪个方面（听力、口语、阅读），想好到什么程度？

修订后目标：①我希望能听懂英文电影对白，youtube 上的英文视频；②我希望通过英语六级考试。

自我提问：你希望什么时候实现这些目标？

修订后目标：①1 年后，我希望能完全听懂英文电影对白，YouTube 上的英文视频；②我希望明年 6 月通过大学英语六级考试。

温馨提示：

明确的目标至少应该具备两个特征。①具体，能用语言描述，能清楚地写下来。哪怕是个小孩也能看明白你究竟想要什么。②可衡量、可量化。能很容易看出你现在的位置，以及离目标还有多远。

短期目标给大学生带来压力的另一种原因是对目标的不合理认识。最常见的认识误区是以成败论英雄，认为目标实现了才是成功，没有实现就等于失败。这是典型的、非好即坏的两极化思维模式，但很多事情并不能简单划分为好与坏两极，在两极之间，还有很长一段“灰色地带”。如果只看到好与坏两个结果，过于关注结果，会放大结果的决定性力量，给人带来极大压力。在考试或比赛中，过于看重结果的人，往往事与愿违，难以得到好成绩。因为过于担心成败使他们内心极度焦虑，反而干扰了正常的发挥，导致发挥失常。因此，大学生应认识到目标最大的意义不在于最终实现与否，而在于推动我们去努力行动，实现目标的过程更为重要。

可见，短期目标带给大学生的压力一方面是由于目标本身太难、太模糊，另一方面是由于对目标的不合理认识，主要是过于注重结果、过分追求成功的行为倾向。

二、有目标才有动力

目标会带来一定压力，但同时，目标也能带来动力。目标指明前进的方向，带来成功的希望，让我们更有实现它的冲劲和动力。众多人生事实和科学研究一致表明，目标是成功的基石，有目标的人获得成功的概率比没有目标的人大得多。目标引领成功的最大奥秘在于目标动力。目标动力指目标是行为的动力，目标一旦确立，就能激发内在动机，指引行为方向，推动并维持行为直到目标实现。

（一）长期目标与动力

长期目标是未来的现实，它描绘出我们对未来的憧憬，也就是在未来某一时间我们希望自己成为什么样的人、达到什么样的状态。例如，对于四年后的毕业季，有的大学新生给自己设定“考上某重点大学某专业的硕士研究生”“在某知名外企找到专业对口的工作”等目标。这样明确的目标一旦确立，就会激发出强大动力，让大学生对生活充满热情，行为充满干劲。

明确的长期目标指明前进的方向，如同茫茫大海中一盏明灯，指引大学新生走出迷茫，开启人生新征程。面对丰富多彩的大学生活，很多新生的一个共同困惑是，可做的事情很多，泡图书馆、参加活动、社会实践、兼职、结交新朋友、谈恋爱、担任干部……，却不知道自己该干什么。实际上，大学生活该如何度过取决于每一位大学生的长期目标。以考研为长期目标的大学生无疑应该以学业为重，辅以能力锻炼、社会实践等；以就业为长期目标的大学生则应该根据专业就业的特点更全面地发展自己。如果缺乏长期目标的指引，大学中众多的选择都会让我们矛盾纠结，不知何去何从，内心也会被犹豫和迷茫占据。大学生很可能像小猴子下山，拾了玉米丢了西瓜，顾此失彼，谈了恋爱却耽误了学习、成绩优异却欠缺能力。人生最重要的不是所处的位置而是努力的方向。在大学不管你身处何方，只要有努力的方向，就有成功的希望。内心有希望，我们的所有行为就会凝聚在这个希望周围，激励我们不断向着目标前进。

明确的长期目标是动力的源泉，能满足内在需要，激发行为兴趣。从根本上来说，目标是为需要服务的，不同的目标满足不同层级和种类的需要。而需要是动机产生的基础和根源，需要未满足时带来的身心紧张状态会驱使人积极行动、达成目标。例如，一个“被关注需要”强烈的大学生会设立“学习成绩排班级前五”“踢好足球，争取进校队”等目标，通过在学习成绩和踢球上的优异表现获得关注；一个“自我实现需要”强烈的大学生会表现出忘我的学术追求，以期在学术上达到新的高度。那些能满足我们内心最深处渴望的目标，也就是“我们最想做的事情”，更是强大的动力源泉。

（二）短期目标与动力

与长期目标指引人生方向相比，短期目标更加切合现实。如果说，长期目标是矗立在山顶的一面旗帜，短期目标就是通往山顶的一级级台阶，它使看似遥远的长期目标变得现实可及。一个又一个短期目标的实现，让我们对自己的能力更有信心，对实现长期目标也更有信心。信心会继而转化为克服困难与挫折的勇气和决心，化作行为的动力。

以近年来很多大学生热衷的出国留学为例，出国留学是一件复杂且细致的事情。如果从大一就开始合理规划，根据自己的实际情况和目标学校准备英语考试，并将所需材料、申请、签证等留学必需条件在大学四年中逐步完成，申请成功的可能性就会更大。

短期目标是切实可行的，它依赖于详细计划，着眼于具体行动，把我们内心的热望转变为实现计划的原料，并直接激发行为，促使我们集中力量执行计划、实现目标。以上述出国留学的总体目标为例，如果你给自己设立了大一提升英语基础能力考 IELTS、大二准备 TOEFL、大三准备 GRE、大四准备推荐信和申请且一边找单位实习的短期目标，那么针对每一个短期目标制订的行动计划，会帮助你清楚看到每天需要做什么、需要完成什么，这必然会直接调动行为。此外，短期目标也能帮助我们清楚地了解自己做了什么、离更大的目标还有多远，从而更好地指引和调整当下的行为。

三、化压力为动力

这是一个压力时代，你有压力，我也有压力。有人被压力压垮，有人因压力不快乐……但同时，人无压力轻飘飘，没有压力的生活毫无意义。因此，关键不在于是否有压力，而在于学会更好地应对压力，化压力为动力，化挑战为机遇。

（一）你所能承受的压力

人的一生，从出生到终老，可以说压力如影随形，只是压力的来源与形式各不相同。胎儿在子宫内成长发育，也要承受四面八方的压力。自然分娩时通过狭窄的产道，更是一个经受巨大压力的过程。大学里，经常有学生抱怨“鸭梨山大”，在重压之下甚至有大学生做出害人害己的极端事件。那么，人究竟能承受多大的压力呢？

某生物研究所曾做过一个有意思的实验。实验人员用很多铁圈将一个小南瓜整个箍住，观察当南瓜逐渐长大时，对这个铁圈产生的压力有多大。他们预测南瓜最多能承受大约 500 磅的压力。第一个月，南瓜承受了 500 磅的压力；到第二个月，南瓜承受了 1000 磅的压力；当它承受 2000 磅压力时，实验人员必须对铁圈加固，以防止南瓜将铁圈撑开。实验结束时，整个南瓜承受超过了 5000 磅的压力后瓜皮才产生破裂。但当实验人员打开南瓜后，发现它已经无法食用，原来为了想要突破包围它的铁圈，南瓜里面长满了坚韧牢固的层层纤维。同时，为了吸收充分的养分突破限制它成长的铁圈，南瓜的根部延展超过了 2.4 米，所有根往不同方向全方位地伸展，最后这个南瓜独自控制了整个花园的土壤与资源。

人如同这个南瓜，压力过大时南瓜即使长成也失去了其原有的价值。心理学研究发现的耶克斯-多德森定律也表明，压力与工作绩效之间是倒 U 形曲线关系，且随工作任务难度而变化。对于简单的任务，较大的压力能激发出更优绩效；而对于有难度的任务，较小的压力才能激发出更优绩效；中等难度的任务则需要中等压力才能激发出更优绩效。因此大学生需要了解自己所能承受的压力范围，而且要根据当前任务的难度调整自己的压力水平。心理学认为人对外部世界的感知有舒适区、延展区和恐慌区三个阶段。舒适区是我们熟悉的环境或情境，处于其中我们感觉很舒适、压力很小，但学到的东西也少，进步缓慢。恐慌区是对我们来说很有挑战的环境或事件，让我们感觉紧张、恐惧、不堪重负。比如在公共场合演讲、从事危险的极限运动。延展区则是我们很少接触甚至从未涉足的领域，既有一定挑战，又能获得成长。比如换到一个新的环境生活、接触其他专业的书籍。要获得成长，我们需要不断延展舒适区，逐渐进入延展区甚至恐慌区，形成新的舒适点。在这样的循环往复中让自己承受的压力螺旋上升。

拓展资源

每天挑战一点不舒服

想一想有什么事情是你十分恐惧、从来不敢尝试的，这就是你的恐慌区。把它写下来。如在200人以上的公开场合演讲、与陌生的漂亮女孩或帅气的男生搭讪。

然后给自己寻找挑战的机会，每天做一件让自己不舒服的事情，也把它记录下来。如在班级竞选中勇敢上台、每天和一个陌生的漂亮女孩或帅气男生搭讪。

这样坚持一段时间之后，你的舒适区就延展到更多领域了，让自己感觉快乐的事情也就更多了。

（二）智慧化解压力

除了了解自己所能承受的压力范围，大学生还要学会更好地应对压力，化解已经存在的压力，将其转化为前进的动力。

1. 塑造积极思维模式

我们对压力事件的认知评价，即态度和看法直接影响我们体验到的压力强度及我们可能采取的应对策略。因此，在压力的应对中，学会调整认知、塑造积极思维十分重要。

首先，要改变消极的、不合理的认知信念。当处于压力中时，我们对压力事件、自己能否应对该压力事件等会形成一定的认识或信念。受一些认知偏差的影响，有的大学生很容易将事件解释为灾难性、威胁性的。比如，以偏概全的认知偏差让人在压力事件之后只会想到消极方面，如“我从来没干成过一件事”“我总是失败”；灾难化的认知偏差让人将压力的结果视为糟糕透顶、无法接受的，如“如果这次考试我没有通过，就糟了”“如果发不了论文，我就没办法毕业，以后的人生就没有希望了”；情绪化推理，将自己的感觉当成客观事实，认为自己的消极情绪必然反映了事件的真实情况，如“我这么紧张，这次考试肯定完蛋了”“我心慌，一定有什么不对的事情发生”；绝对化倾向，如“我绝对不能有任何差错”“我必须取得成功”等。这些扭曲的认知会引发焦虑、沮丧、无助等负性情绪，加重我们的压力感。因此，要学会从这种有偏差的思维怪圈中走出来，更理性、客观地看待压力事件。

其次，要学会从积极角度看待压力事件。同样一件事情，从不同的角度观察对它的认知就不一样。以失恋为例，从一个角度看，失恋是一件负性事件，它带给我们的是不舒适和消极情绪。但从另一个角度看，从失恋中我们可以学会一些知识或道理。比如，自己的恋爱模式是什么样的，自己的恋爱目的是什么，什么样的异性是适合自己的对象？当我们能对失恋进行深刻反思和反省时，我们就能以更好的状态应对下一段感情。因此，任何事情都有积极的一面，如果我们能学会从积极角度看待问题，塑造阳光思维，那么，许多压力对于我们来说就具有动力的作用。

2. 培养健康的行为方式

行为是压力应对中的关键要素。同样一个压力事件，以有效的行为应对，压力可能就迎刃而解甚至转变为行为动力；如果应对不力或不当，可能会衍生新的压力，雪上加霜。因此，面对压力，不仅要学会从积极角度看待，还要学会积极有效地应对。

首先要做到不回避压力事件。拖延、遗忘、转移注意力、否认事件的存在等都是一种回避。回避不仅无益于问题解决和压力的解除，还会使原有的问题因累积而恶化或扩散，压力越来越大。

其次要主动寻找解决问题的方法或资源。办法总比问题多，任何问题都有解决办法，而且不止一种办法。面对压力事件，我们需要在充分了解和研判的基础上，寻求可利用的资源，确定解决办法，并采取措施防范或应对可能发生的意外情况。这种行为模式不仅有助于问题的真正解决，也能给我们带来心理上的安全感和掌控感。压力事件之所以让我们体验到压力，主要是这些事件超出了我们当前的应对能力或心理负荷，我们感觉到自己无法掌控自己，而是被另外的力量主导和决定。主动寻求问题解决能帮助我们重拾掌控感，继而激发我们的斗志和潜能，更好地解决问题。

最后要学会自我放松，这有助于我们以更好的状态应对压力事件。放松的方式有多种，可以通过呼吸调整或肌肉放松达到身体的放松，也可以在音乐、意象等引导下获得放松，还可以通过冥想、瑜伽、体育锻炼等途径达到放松。每个人可以根据自己的情况，找到适合自己的放松方式，这对于我们缓解压力大有裨益。

3. 寻求社会支持

压力事件往往是超出我们应对能力的事件，因此面对压力，我们会感到脆弱、无助、孤独等。社会支持不仅能抚慰我们的心灵，还能增强我们的力量感和应对信心。因此，当个人面对巨大压力时，要善于主动寻求各种社会支持。

社会支持可以是物质上的援助。比如，随着我国国力的增强，国家为贫困大学生完成大学学业提供了助学贷款、助学金、勤工助学等多种形式的经济资助，但在得到这些资助之前，需要贫困大学生主动进行申请。但有的贫困大学生却因不愿让老师和同学了解自己的家境而拒绝申请，选择独自承担经济压力或通过高强度的社会兼职缓解经济压力。

社会支持也可以是心理上的支持。面对压力事件，心理上感到不堪重负的时候，大学生可以向老师、同学、朋友等倾诉，获得心理抚慰和精神鼓励。目前我国高校都设有心理咨询中心，免费为在校学生提供心理咨询服务，这也是大学生寻求心理支持的一个重要途径。社会支持还可以是信息、建议上的支持。面对压力事件，大学生可以向父母、老师、高年级同学或其他长辈寻求建议和意见，来自不同方面的信息和建议不仅有助于增强我们应对压力的信心，也能为我们的问题解决提供许多有用的指导。

第三节 激励自我实现目标

对于人来说，最宝贵的莫过于思想。思想塑造着我们的行为，左右着我们的经历，甚至决定着我们的人生。在大学，我们也看到有的学生因创业的想法而忙碌奔走，有的学生因学术追求而埋头苦学……这些都是他们在自己思想指引下的人生选择。生活中的“第一动力”是我们自己，在实现目标的过程中，我们要善于借助这些精神的力量，不断激励自我。

一、积极的想象

想象力是人类最宝贵的精神资源之一。每个人小的时候，都是充满想象力的。日常生活、游戏、故事、童话都可以成为他们想象的源泉。对未来的生活，我们也都有自己美好的梦想。刚进入大学，很多学生对自己的大学、未来的生活也会有诸多想象。可以说，我们心中所常想的，就是我们的未来。生活中很多有价值的东西最初就是源自想象。在迪士尼乐园建立之前很多年，它的建造者沃尔特·迪士尼就已经明确设想了一个快乐、整洁而且适合家庭旅游的主题公园。

当我们用积极想象把目标及目标的实现过程形象化时，现实中的进步也会随之发生。因为积极想象首先会启动“吸引力法则”，有助于我们将实现目标的人、事和资源都吸引过来；积极想象还会启动“对应法则”，让变化由内而外地发生，随着内心的变化，我们的外部世界就会像镜子一样反映这种变化，并促使我们向目标奔去。从精神分析的角度来说，一个人潜意识接受的东西，迟早会在外部世界表达出来。

（一）积极想象目标

有研究表明，高成就者与低成就者的重要差异就在于他们心中常想的内容不一样。高成就者常想的是“我想得到什么”“如何得到”，他们把时间、精力都放在最希望实现的目标上；低成就者常想的是“我不想得到什么”，占据他们的心理空间和时间的都是问题、担心等，久而久之，连最初的目标都模糊了，更不用说实现它。

因此，要点燃我们自己这个“第一动力”，要从想象目标开始。你大学生活的目标是什么？四年后你希望自己以什么状态步入社会？你人生的目标是什么？你希望自己的一生以何种方式度过？可以把这些问题转化为内心一个个激动人心的鲜活场景。

有一些小窍门可以让想象变得更有力。首先，把目标写下来或是描绘出来，让自己能更清楚地看到自己真正想要的东西，实现目标的想法会变得更强烈。其次，大胆地假设你已经拥有了它，去欣赏它、品味它、感知它、聆听它……然后你就更有动力把它变为现实，也更清楚该如何行动。

（二）积极想象成功的经验

在竞技体育领域，有一种训练方法叫“精神演练”。在比赛之前的数小时甚至数天前，运动员就会在心里不断排演，像放电影一样反复回放此前在比赛中自己发挥出最高水平的时刻，并在想象中“看到”自己一次又一次表现出众、获得成功。有的大学生也经常进行类似的“精神演练”，比如上台演讲、举手答问之前。但不同的是，他们反复回放的是自己如何发挥失常、遭遇尴尬、遭人嘲笑的场景。

可想而知，反复回放成功经历的运动员能从回放中汲取正向能量和自信，在比赛开始之前，他们已经在心理上赢得了比赛。而反复回放自己失败场景的大学生会因想象中的场景而越来越焦虑、紧张和担心，结果“哪壶不开提哪壶”，最怕发生的事情往往就真的发生了，因为在潜意识里，他们已经准备好了失败。

因此，点燃自己这个“第一动力”的另一个好办法是经常回想自己成功的经验，这样有助于调整状态、获取自信，并能真正增加下一次成功的概率。

拓展资源

如何利用积极想象

选择一个对你来说略有难度的场合（如考试），找到一个安静的地方，以一种舒服的姿势坐好。在你的脑海搜索一次你曾经最成功的考试经历或是一种你最满意的备考状态，仔细回想当时的状态……尽可能地仔细，仔细到你身体的每一种感觉、你脑海的每一个想法、你身体的具体姿势等。当你觉得已经很熟悉这种状态时，请用心记住这种感觉，你也可以为它设置一个开关（如几句简短的口诀），下次当你一闭上眼睛或念口诀，你的身体便会马上进入这种状态（很多临床实践表明，这种积极想象可以有效缓解考试或当众发言前的焦虑情绪）。

想象要点：想象要聚焦，把所有心思都集中到想象的内容上；想象要清晰，要在脑海中尽可能具体地描绘想象的内容；想象要强烈，需要保证每天一定频率、每次一定时间的想象，以便保持足够强烈的想象，留给潜意识更深刻的印象，激发出更大潜能。

二、坚定的信念

信念是一种态度，是一种坚定地相信自己的态度。信念就是力量。内在的信念塑造着人们生活的方方面面。因此，确立目标之后，要相信该目标一定会实现，也就是要有坚定的信念，这有助于“点燃”自我。目标的期望理论也发现，当人们认为实现目标的可能性很大，而且实现目标又具有很重要的价值时，该目标会对人产生最大的激励作用。

（一）澄清目标的意义

信念源于意义，坚定的信念源于生命中的核心意义。

核心意义可以是生活的意义或人生的目的，简而言之，就是，你为什么活着？你的生活是为了什么？根据存在主义心理学家维克多·弗兰克尔的观点，获得有意义、有目的的生活是人类最大的需要。对于有的大学生来说，核心意义是报答父母的养育之恩，所以他们能心无旁骛地遵循父母的期望制定自己的人生目标，设计人生道路；对于有的大学生来说，核心意义是找到一份理想的工作，为实现自己理想的生活奠定基础，所以他们在大学期间能积极地为未来的职业做好各方面准备。

核心意义还可以是我们最想做的事情，如最初的梦想、最大的兴趣爱好等。我们锲而不舍地追求着，不是为了炫耀，也不是出于责任感，而是因为这样做了可以让我们生活得充实而快乐。在大学校园，也不乏为了自己的某种兴趣或某个理想而热情奋斗的大学生，他们的内心始终秉持着某种热望和坚定信念。

但在大学生中常见的另一种情况是，目前在做的事情并非自己真正感兴趣的，而是迫于外界压力或内心责任感而“不得不”去做的事。表面上看，这些事情并不符合我们内心真正的渴望，但人之所以为人的优越性在于我们可以主动赋予意义。首先，可以想一想，当前所做的事情，对于实现我们的人生终极目标是否有帮助，你必然能在两者之间发现一定的联系。其次，无法选择“做什么”，我们可以选择“如何做”，自由选择带来的自主感，能增加我们的动力，也能使我们更加轻松平和。

（二）积极面对目标

临床心理学家查尔斯·加菲尔德在对“商界精英”的研究中曾发现一个神秘的现象，很多“商界精英”在工作上多年表现平平，却在一夜之间获得巨大成功。经过深入分析，查尔斯发现他们有一个共同特点，无论经历什么挫折和失败，他们总是看到事情的积极面，总是相信自己能获得有益的经验教训，相信事情会向积极面转化。也就是说，他们总能以积极的态度面对目标，即“相信自己一定能实现目标”。

许多研究发现，相信自己能成功确实能增加成功的概率。《纽约时报》健康专栏作家塔拉·帕克·蒲伯对运动习惯的最新调查表明，那些相信自己能做到的人比怀疑自己的人更有可能在一年后依然坚持使用健身器械。大学里，那些积极自信、锲而不舍追求自己目标的大学生往往能得到成功的垂青。

因此，确立目标之后，需要学会积极地面对目标，乐观地相信目标会实现。一个小窍门是在设置目标的时候用更坚定的字眼表述如“我一定要……”，而不要写成“我应该可以……”，因为“我一定要……”的表述能强化实现目标的积极信念，带来实现目标的动力。

（三）现实地预期困难

积极思维并不是一种盲目乐观，“相信自己一定能实现目标”不等于“相信自己能轻而易举获得成功”，不等于忽视甚至轻视目标实现过程中可能遇到的困难和挫折。心理学研究发现，相信“成功之路一帆风顺”还是相信“成功之路崎岖不平”对目标动力会产生不同的影响，对成功有不同的作用。相信“成功之路崎岖不平”的人更有可能实现目标。因为他们对目标实现过程中的困难和障碍有更充分的预期，会有焦虑和担心，而一定的焦虑情绪反而会成为动力，促使他们在问题发生之前做更多准备，下更多功夫，更努力奋斗。而相信“成功之路一帆风顺”的人，由于没有充分预期到目标实现过程中的困难，往往没有做好充分准备去迎接未来的挑战，成功的可能性更低。在生活中，那些认为考试是“小菜一碟”的学生明显复习得更少，相信找工作很容易的大学毕业生投递的简历也较少；在医院，以为能轻松适应新换的髋关节的患者做康复运动也较少……目标对于他们来说仅仅是一种理想中的美好梦想，当梦想破灭时他们更有可能崩溃。

因此，在学会用积极的态度面对目标，坚定地相信目标的同时，还要结合现实和自身实际情况，预期目标实现过程中可能存在的困难和障碍，做好充分准备与应对。这样，在真正面临这些“拦路虎”时，我们才不会那么容易气馁，失去动力。

三、主动的行动

池塘边蹲着 3 只青蛙，有一只决定要跳进池塘，还剩下几只？2 只吗？不对。还有 3 只，因为那只决定要跳进池塘的青蛙还没有行动。千里之行，始于足下。无论是对目标的积极想象还是坚定信念，要发挥作用最终都要落实到具体的行动上。在目标实现中，行动是首要的决定性因素，行动决定一切。自我激励的最终目的也是促发实现目标的行动，而行动本身也具有激励作用。

大学生群体中，普遍存在行动力差的问题，想得多做得少，思想大于行动是很多大学生身上的通病。而行动一旦开启，并能坚持投入，适时调整，就能给实现目标的行为注入动力。

（一）走出拖延怪圈

拖延是指在缺乏必要或充分条件的情况下，将该做的事情推迟启动或推迟完成的行为。近年来，拖延俨然已经成为大学生中的常态，从成绩优异、拿遍各种奖学金的学霸，到一天到晚窝在宿舍玩网游的问题大学生，到常因考试、论文而焦虑万分的大学生，都面临着这一个共同的心理困扰。

心理学研究发现，有拖延行为模式的人，在拖延之前有着大致类似的心理轨迹。首先，自信满满地告诉自己“这次我一定早点开始”，乐观地相信这次自己一定可以有条不紊地开始。虽然内心似乎不能够或者不愿意马上就开始工作，却盲目乐观地相信事情一定会自然而然地启动。很快，他们陷入不停自责和哀叹中“我应该早点儿开始”。然后，他们开始做一些与目标行动毫不相关的事情，如整理书桌、浏览网页，以此安慰自己并转移注意力。接着，他们的内疚感开始浮现，为了回避内疚、让自己开心，他们开始从事无关的活动如看电影、做运动，但内疚和焦虑的阴霾始终挥之不去。进一步，他们要么设法掩饰自己的窘境，假装很忙，虚报进度，或躲藏起来，切断联系，内疚更加强烈；要么自欺欺人地告诉自己“还有时间”，试图保持乐观，期盼“奇迹”出现。最后，由于早点开始的良好愿望没有实现，内疚也于事无补，期盼的奇迹更没有出现，他们陷入绝望和自我贬低（“我真糟糕”）中，并面临最后的抉择：做还是不做。不做意味着放弃，带来的是痛苦；做意味着背水一战，疯狂赶进度，不求质量，只求完成。不论最终是做还是不做，他们都会因为精疲力竭而近乎崩溃，并毅然决然地下决心“永远不再拖延”。

如果没有及时有效的行动跳出拖延的心理怪圈，拖延者必然再次有意无意地陷入其中。因此应对拖延的关键在于学会迅速启动行动。

（二）迅速启动行动

需要启动的行动不一定复杂，也不一定很多，但关键是要开始行动。俗话说，万事开头难，当我们想开启一个行动时，可能会有许多内心的和外在的干扰，导致我们一拖再拖。心理学中的“崔西定律”告诉我们，任何一项任务的启动难度与其执行步骤数量的平方成正比。举例来说，如果你的任务是“今晚去图书馆上晚自习”，与此同时你觉得自己要在洗完澡、借到一辆自行车、找到一位同伴之后才能去上自习，也就是说，你启动这项任务需要 3 个步骤，那么它的启动难度就是 9。如果你只有“洗完澡”这一个步骤，那么它的启动难度就是 1，你就更可能启动这项任务。

因此，简单的行动就足以开启我们的目标实现之旅，重要的是，我们要开始行动。“崔西定律”告诉我们要尽快启动行动，需要简化第一步行动，步骤越简单，启动难度越低，开始的可能性就越大。具体的办法有很多，其一，我们可以把自己的第一步行动限定在五分钟内完成，如果五分钟内能完成，那么行动的可能性会大大增加，这就是积极心理学倡导的“五分钟起飞法”。其二，将第一步行动明确写下来也有助于我们尽快启动行动。不管你的目标是什么，写下三项你立刻可以采取的行动，这样你就把它们和你的目标一起传输到了自己的潜意识中。被潜意识接受的行动，我们更有可能付诸行动。

（三）主动触发行为

第一步行动被启动之后，行动还需要持续。这时学会主动提醒实现目标的行为，可以让这些行动越来越为潜意识所熟悉，逐渐转变为一种自发行为。正如习惯成自然的过程，一件事情做得越多就越能被潜意识所熟悉和控制，需要的意识努力就越少，行为就越自发和自如。例如，我们早上起床之后的一系列行为就是一个被潜意识指引、习惯成自然的过程。我们几乎不用意识努力，就知道自己首先该做什么、接着做什么、大概什么时候能完成整个过程。即使住到一个陌生的环境，这个行为过程依然可以毫不费力地进行。

要使实现目标的行为成为一种习惯，我们在开始时应该想办法增加行为的触发点。行为的触发点可以是我们主动为自己写下的“温馨小提示”之类的卡片；也可以是环境中任何与目标有关的信息，甚至与目标间接相关的事物也能触发行为，例如，从运动场经过能触发我们“锻炼身体”的意愿，看到水果市场会使我们想要健康饮食。甚至陌生人的目标也能成为我们目标的触发点，心理学家把这种现象叫做“目标感染”，仅仅看到某人做某件事就能让你更有可能做同样的事情。这种现象在大学寝室里经常可以看到，如果一个寝室中有人每天痴迷于网络游戏，过一段时间往往会有其他室友和他一起坠入网络深渊；如果寝室中有人每天早起晨读，过一段时间也会有其他室友被感染加入早起晨读行列。

因此，要让实现目标的行动能持续下去，我们要学会利用环境中和自我内部的信息，增加行为的触发点，以此保证行为能一直持续。

拓展资源

小行动，大改变

在象棋棋盘的第 1 个格子放 1 粒麦子，第 2 个格子放 2 粒麦子，第 3 个格子放 4 粒麦子……依此类推，每个格子都比以前的格子多一倍，最后，第 64 个格子的麦粒有多少？有人曾计算过，需要 820 亿吨麦子，相当于全球 550 年的麦子产量的总和。

同样，你今天的一个小行动，只要坚持下去，也会有巨大的惊人改变。从现在开始，给自己设置一个小行动，每天坚持，一个月后看看会发生什么改变。

（四）坚持并投入

实现目标的过程是一场持久战，要打赢这场战役，不仅需要及时启动行动，还需要坚持不懈地努力，全身心地投入奋斗。心理学研究和许多成功人士的个人经验都表明，就成功而言，坚持的影响远远大于天赋的作用。20 世纪最伟大的发明都出自托马斯·爱迪生之手，与此同时，他经历的失败也比 20 世纪其他任何发明家都要多，他用这样一段话阐述他的人生哲学“当我完全认定一个目标值得追求时，我就为之努力，一再尝试，直到最后成功为止”。生活中，很多大学生也具备为目标而付出努力的决心，但在遭遇阻碍、目标看起来无法实现的时候，部分大学生缺乏坚持不懈的精神，选择知难而退，结果与目标的实现无缘。

现代心理学研究认为，能否对某一目标坚持不懈、坚韧不拔并长期投入与人格特质有关，这种特质叫“耐磨度”，也叫“坚韧度”，是长期投入与坚持的混合体。坚韧度高的人能通过数年耕耘来换取成功的果实，每开始一件事他们都会坚持到最后。著名的《纽约客》专栏作家马尔科姆.格拉德威尔经过很多研究也发现了坚持和专注的重要性，在他的畅销书中《异类》中提出成功的“一万小时法则”：任何一件工作要做到熟练，达到登峰造极的程度，至少需要一万小时的专注练习。只要在一个专业领域坚持一万个小时，便可以成为专家。

既然坚持和专注具有如此大的力量，大学生应该如何提高自己的坚韧度？研究坚韧度的心理学家认为，坚韧度像肌肉一样，可以通过锻炼增强。

首先，在实现目标的过程中，要更多关注自己是否有进步，而不要过于在乎自己的表现是否完美、他人是否认同。关注自己的进步能让我们从目标中获得更多成就感，增强继续前进的信心。时尚界的传奇人物靳羽西是“环球小姐”中国区大赛总裁，她也致力于培养真正的中国小姐。但每届比赛最终只有一人能戴上“中国小姐”的桂冠。从选手们进入训练营的第一天起，靳羽西都会告诉她们“这是没有失败者的比赛——来到这里，你的对手就是过去的自己，只要你用心、努力，就一定能战胜她”。在她的激励和指引下，每次比赛之后，那些落选的选手也都能从比赛中收获良多。同样，对于刚进入大学的学生来说，大学不是一场与他人的输赢较量，而是对过去的自己的超越和突破。只要我们心中有目标，并为之付出，坚持奋斗，我们就一定能在自己的人生道路上不断开启新征程。

其次，正确总结失败的原因。一个人如何解释自己成功或失败的原因，会影响他能否承受住失败的打击、能否继续保持自信，以及他对未来自己是成功还是失败的预期。以大学生参加班委竞选落选的例子来说，如果 A 同学对自己失败原因的解释是“我能力不行”，他一定会感到十分挫败、沮丧，失去信心，因为能力是一个稳定、持久、难以改变的特质。把自己的失败归结为能力不行意味着下次成功的希望也很渺茫。假设同样失败的 B 同学将失败归因于“我竞选时没发挥好”，他的负面情绪会更少，自信受打击的程度也更轻，因为“没发挥好”是一个不稳定、暂时、可改变的特质。这次没发挥好，下次再加把油、调整一下行为方式应该就能发挥好，那么成功的希望更大。由此可见，遭遇到失败时，我们最好把它归因为外部因素、可改变的因素，如努力程度、临场发挥、运气等，这样在面对失败时，我们就能变得更加坚韧。

（五）适时放弃

值得注意的是，对于有些人来说，在坚持的同时还要懂得取舍，适时放弃。有些大学生，刚进入大学时什么都想要，一口气加入多个学生社团，既担任班委、学生会干部，还有社会兼职、志愿者活动等，一学期忙碌下来，却发现自己什么都没有做好，收获寥寥无几，学习也受影响。对于这种情况，就应当适当“做减法”，因为我们每天的时间和精力有限，无法顾全所有想做的事情，我们需要在当前的目标中舍弃掉几个。有的大学生进入二年级后，面临着学习与社团工作的冲突，一方面想鱼与熊掌兼得，另一方面又觉得自己精力有限，也是到了做出取舍、适度放弃的时候。

另一种情况是，某一天我们突然发现，一直追求的目标并不是自己真正想要的。比如有的大学生到了大二、大三发现自己对所学专业越来越不感兴趣，或有的成年人在从事某一项工作若干年后，猛然发现这并不是自己真正的追求，这时他们也面临着是否要放弃的选择。虽然这时候，放弃是一件非常困难的事，因为他们已经投入了许多时间和精力，放弃意味着这些努力将付诸东流。但是要继续人生，还是必须做出选择，要么放弃心中的梦想，要么放弃当前的目标。

第四章

激发创新潜能

当前，“大众创业、万众创新”的理念正日益深入人心。各种新产业、新模式、新业态不断涌现，有效激发了社会活力，释放了巨大创造力，促进了经济的发展。回顾历史，重大发明、发现，往往会对人类社会的发展进程产生影响，改变人们的生活方式和生活质量，推动社会跨越式发展。而这一切，都离不开人类的创新。在这样一个时代，除了创新，我们别无选择。作为新时代的青年，激发创新潜能，培养创新能力，努力实践幸福人生，是成就美好未来必备的素质。没有人是天生的弄潮儿，“专业人士”也不是天生的，而是在后天的学习历练中塑造而成的。

拓展资源

院士谈创新之路[①]

翟婉明教授毕业于唐山铁道学院（西南交通大学前身），是中国科学院院士，西南交通大学首席教授，国务院学位委员会机械工程学科评议组成员，国家“千人计划”专家顾问组成员。他长期从事铁路工程领域动力学理论与应用研究，创建了机车车辆－轨道耦合动力学理论体系，建立了车辆－轨道统一模型等，曾获“长江学者成就奖”、2012 年度“四川省科学技术杰出贡献奖”等荣誉，共主持和参加了 40 余项国家、铁道部、教育部与四川省的纵向科研课题。

翟院士首先与大家分享了他充满“艰辛和欢乐”的求学之路。年少的他家境困难，但是赶上社会大环境的好时机——1981 年当翟院士高中毕业之际国家已恢复择优录取的高考制度，而在其大学毕业之时的 1985 年恰逢国家首次实行免试推荐研究生政策。翟院士回忆自己的青春求学之路，认为自己的大学生涯是一段充满了温暖和幸福的生活。在大学时期，他作为寒门学子，与多数的农村学子一样，不仅满怀理想，同样勤奋努力，朝着自己年少立下的科学家梦想前行。翟院士在讲述博士生活时，常提到导师孙翔教授。正是由于孙教授的不断劝说和来信开导，翟院士最终克服了跨专业的矛盾，以破釜沉舟之志从传热学转到动力学方向，跟随孙教授从事

① （转引自西南交通大学官方微博《翟婉明院士：学术之路，奋斗人生》）

铁路重载列车动力学的研究。翟院士总结自己的求学之路——既是社会环境变革所带来的机遇，更是自己的坚韧不拔和勤奋刻苦的历练过程。

在学术之路上，遵从兴趣与爱好是翟院士的出发点，跨专业学习则是他一次意外的收获。谈及硕士研究生毕业之时，翟院士遵从自己的兴趣，研究内容从边界元转到数值算法，并顺利提前毕业。如今，他也以兴趣为研究前提，要求学生们先确定自己感兴趣的研究领域，再规划研究生阶段的学习进度。在攻读博士学位期间，翟院士谈到了从传热学转到动力学方向这一跨专业学习的经历给了他进行跨学科研究的信心。翟院士认为，在跨专业之后广泛地阅读文献、学习知识，是打下学术科研坚实基础的第一步。也正是跨专业的经历，给予了翟院士研究车辆、轨道、桥梁时不同的思路和方法。

讲解中，翟院士还结合自己的研究过程，为同学们介绍了做学问的一些思路及研究方法。他研究的“铁路的工程动力学”隶属科学技术部，是技术也是工程，同时他介绍了在其博士期间就开始的三个应用基础的研究工作，这对其日后的研究起着决定性作用。翟院士讲到在研究大系统快速数值积分法时，在图书馆查找相关理论的研究现状，发现近似方法有很多假设情况，从而大胆假设，小心求证，历经困难而得出新的显-隐式混合数值积分算法。此后这个算法陆续被许多外国专家引用和介绍，获得很高的赞誉。其后，翟院士也详细讲解了历经二十多年研究的车辆-耦合动力学，即“翟模型”，以及适应高铁发展而研究的高速铁路-轨道、桥梁动力相互作用理论，都取得了丰硕的研究成果。最后，翟院士还向大家展示了多项基于需求产生的已应用的主要工程（产品），它们都是经过了实践检验，对铁路的建设和发展做出了巨大的贡献的工程应用。

在活动的尾声，翟院士讲了几点人生感悟。

（1）要有梦想，大胆追逐，没梦想，不可能有今天科学上的成绩。个人梦想如果能和国家现在和未来的需求和社会发展联系起来，那是最好的。

（2）不畏艰难。世上没有任何成功不是靠全身投入而获得的。国内外科学突破都是如此。

（3）持之以恒。认准了方向，就要坚持，不要轻言放弃。当时搞博士论文，搞数据编程，很多时候都陷入绝望——自己搞的到底行得通不？只有坚持，才有成功。

（4）大胆创新，特别是交叉学科。

（5）脚踏实地，根据自身实际，不好高骛远。

（6）抓住机会，永远不要把机会拒之门外。机会总是为有准备的人而来。当时写博士论文时也没想到后来能为铁路提速做出贡献。

（7）珍惜青春，大部分创新，年轻时候做出来。

青年时期，正是创新思维训练的最佳阶段，作为21世纪的新一代，就要学会培养自己的创新意识、训练创新思维，以及想象力、洞察力、动手能力、信息能力和创造能力。只要具有创新能力，青年就能在未来的发展中不断地开辟出属于自己的新天地。

第一节 激发创新思维

创新与创新思维密不可分，相辅相成。人类的一切创新活动都离不开人的创新思维，人类的每一次创新都源于创新思维。可以说，在人们创造历史、现在和未来的过程中，实践是创造世界的基本动力，而创新思维则是创造世界、培养支撑社会不断进步的知识与智慧的土壤，是人类从事创新活动的精神源泉。

一、创新思维的含义

心理学着重从创新思维活动的心理机制和心理标准等问题入手，来研究人的各种创新能力，分析创新思维过程和创造心理，本书认为创新思维的内涵如下。

第一，创新思维是相对于常规思维、重复性思维而言的。通常人们根据思维是否具有创新性把思维活动分为两种：一种是创新思维（或创造性思维、创造思维），另一种是重复性思维（或再现性思维、常规性思维）。重复性思维是一种比较普通的思维形态，它是对已经接收到信息的重复和再现，大脑利用的仅是记忆和存储功能，这种思维模式是相对稳定的；而创新思维正好相反，是存储的信息根据需要（问题）的新加工，必须具有思维的创新性。它体现出鲜明的创新性；如上所述，创新思维与传统思维具有鲜明的对比性。这种创新性和对比性在思维活动中的表现是广泛的和多方面的，有论证方式的新颖性，有思考角度和方法的新颖性，有运用材料方法的新颖性，还有思维成果的新颖性。

第二，从思维活动的主体看，每一个正常的人都具有创新思维能力，人们在日常生活中和工作中无处不闪现着创新思维的光芒。如果只把科学家的科学发现、发明家的技术发明和艺术家的文艺作品看做是创新思维的成果，那就大大缩小了创新思维活动主体的范围，要知道现代心理学研究成果表明，甚至儿童的心理活动就已包含丰富的创新思维活动。因此在为创新思维下定义时，要充分考虑到思维活动主体的广泛性。

第三，从思维的结果看，它并不是判别创新思维的唯一标准。衡量思维活动是否是创新思维，除了应该考虑思维结果，还应从思维过程、思维方法、思维内容等方面综合考虑。因为创新思维不是取得创新成果的充分条件，而只是必要条件。即使一次思维活动，它的结果没有取得期望的创新成果，但在思考的方法技巧上、在某些局部的结论和见解上有新奇独到之处，也是创新思维。而且，从这个角度看，往往一些难以得出答案的无解题，尽管找不到答案，但其解题过程绝不排斥，相反更加需要创新思维能力的发挥和运用。因此创新思维不应以其结果作为唯一的判定标准。

第四，创新思维广泛存在于各种思维过程中。历史上有许多重大的科学发现，都是在日常生活中受到启发而萌生的。牛顿由苹果落地发现了万有引力定律，瓦特从沸水冲开壶盖受到启发发明和改进了蒸汽机。因此，创新思维存在于科学发现、技术发明和文艺创作的思维过程中，同时也存在于人们的政治、经济、军事决策中和生产、教育、生活活动中。美国心理学家马斯洛曾举例说，一流厨师烧制的汤的创造性远胜于二流画家所作的画的创造性。这就是说，思维的创造性与思考的问题自身没有直接的联系，所以不能用经济价值、商品价值来衡量，它存在于各种思维过程中。

在明确了以上几个与创新思维密切相关的主要问题之后，本书可以将创新思维的定义理解为：创新思维是指思维主体在创新意识的推动下，以社会实践和已获得的信息、经验、知识等感性认识为基础，借助科学的思维方式和方法，灵活运用想象、联想、直觉和灵感等思维手段，使思维重新组合、升华，产生新的思路或顿悟，从而形成有一定应用价值的新观点、新理论、新方法或新产品等创新成果的思维过程。

二、创新思维的特征

（一）积极的求异性

创新思维实质上是一种求异性思维，它体现出与其他常规思维活动形式所不同的独到的创新意义。也就是说，它所表现出的无论是思考问题的方式、方法，还是思维活动的结果等，都与传统思维活动存在着不同的新颖之处。这个特征贯穿于创新思维活动的始终，为多数人所认同。创新思维的本义和主要目的都在于“创新”，创新思维的独特性与新颖性往往表现为善于求异求变，即从别人习以为常的地方看出问题，善于突破思维定式的束缚，带着开放的思想对未知领域、迷惑不解的现象或未能解决的新问题孜孜不倦地进行探索。现实中的事物，一般在没有外力作用的情况下，保持着相对稳定的状态，具有相对的稳定性。然而，事物的发展，就是在旧事物的灭亡、新事物的成长和壮大中，不断地突破事物原有形态的相对稳定性，形成差异和变革而实现的。创新思维的独特性与新颖性，正体现了事物的这一发展规律，创新思维正是建立在新的科学原理、技术基础之上的突破式思维方式；是改变人们原先观察和思考问题的着眼点、视角、程序和方法等而形成的重置式思维方式；创新思维是通过与相关领域的知识、技术、经验等相结合而形成的组合式思维方式。它鼓励我们解放思想、提出新的观点、创建新的理论、形成新的概念，从而推动事物朝积极的方向发展。

（二）思维方向的多向性

创新思维注重从不同角度、不同方面去思考问题，在思维进程中有多个思维指向、多个思维起点、多种思维方式和方法去寻求多种思维结果。变换观察思考问题的角度和方向，常常可以有意外的发现或收获。所谓多种思维指向，即在一个问题面前，尽可能提出多种设想，寻求多种多样的答案，多方面进行比较分析，从而挑选出最佳的解决方案。创新思维能力越强的人，思考问题就会越广越深越新。所谓多种思维起点，是指从多种事实、多种观察角度出发，运用不同学科的多种理论做指导，进行分析研究，从中筛选出最佳的解决方案。

（三）创新思维的现实性

创新思维及其理论成果不能是一种形而上学，否则，既无法证实又无法证伪，甚至根本无法用实践来检验，那么这种所谓的创新思维及其理论成果，绝不能算是真正的创新思维。实践是创新思维的动力和基础，那么实践创新就成为创新思维的终极取向，创新思维本身及其理论成果必须具备现实性，既要来自于现实中，又必须能够回到现实中去。现实性是创新思维的根本特征，没有这一规定，创新思维就不具有任何现实意义。创新思维所谓的创新，必须来自于现实，根源于传统，植根于传统思维指导下的一切实践，而且包括那些失败的实践。随着时代的发展，当传统思维无法指导新时期、新条件下的社会实践取得成功的时候，当新时期、新的条件下的社会实践需要突破传统，需要新的理论来指导新的实践的时候，创新就不可避免，创新思维就显得异常重要。因为新的实践需要新的理论，而理论上的创新首先要有思维原则的创新，即以创新思维作为前提和先导。没有创新思维，就无法进行创新的实践活动。但同时理论上的创新是不是真正意义上的创新，也要靠社会实践活动来检验。如果不能指导社会实践活动取得突破性的进展，不能在实践活动上有所创新，那么这种创新思维就是毫无作用的创新，也就不具备创新思维所必须具备的现实性。而不具备现实性的创新思维，绝非真正的创新思维，而只是偶然的标新立异的幻想。

三、创新思维是发散思维与聚合思维结合

在创新思维的过程中，往往需要综合运用各种思维形态或思维方法，包括抽象思维、形象思维、灵感思维，以及发散性思维与聚合性思维、线性思维与非线性思维、求同思维与求异思维等及其有关的思维方法，这些思维形态及思维方法的灵活运用是创新思维产生的根据和条件。其中发散与聚合思维是创新活动的两翼。著名的心理学家吉尔福特认为，创新思维特别涉及心理能力中的发散思维。发散思维是对一个问题产生多种不同答案的智力操作能力。

（一）发散思维

发散思维又叫辐射思维、扩散思维、多向思维及求异思维等。它是指人在思维过程中，思路由一点向四面八方展开，求出多种答案的一种立体多路思维形式。最早提出这一概念的是美国著名心理学家吉尔福特，他在《人类智力的本质》一书中，首次提出发散性加工和聚合性加工的概念。由于每一条思路都是由问题中心出发的，各条思路之间没有逻辑的联系，所以发散思维本质上是一种非逻辑思维。发散思维可以突破人们头脑中固有的逻辑框架，由一事想万事，从一物思万物，构成较大的思维空间，得到众多具有新意的答案。发散思维的特点是：从给定的信息中产生众多的信息输出，看到一样，想到多样；看到一样，想到异样；并由此导致思路的转移和跳跃前进，思维成果具有独特性和新颖性。独特性和新颖性是发散思维的灵魂，并由此确立了发散思维在创新思维结构中的核心作用。发散思维概念的首创者吉尔福特说过："正是发散思维，使我们看到了创新思维的最明显的标志。"

（二）聚合思维

聚合思维又称聚敛思维、集中思维和求同思维等，是一种寻求某种正确答案的思维

方式。它的思维方向总是指向问题的中心。与发散思维相反，聚合思维在解决问题的过程中，总是尽可能地利用已有的知识和经验，将众多的思路和信息汇集于研究对象这个中心，通过比较、组合和论证，得出在现存条件下解决问题的最佳方案。很明显，聚合思维是一种按照逻辑程序思考问题的方法，离不开分析、抽象、概括、推理和综合等思维形式，具有逻辑思维的基本特征。聚合思维的特点是由表及里地进行聚焦，一环扣一环地连续前进。聚合思维具有程序性、封闭性、求实性和最佳性。封闭性是指在聚合过程中不会再有新的想法出现，只能通过优化选择减少。求实性是指优化选择的标准是由实用标准来决定的，所以优化选择的结果应该是可行的、最佳的。聚合思维是深化思维和挑选设计方案时常用的思维方式。

发散思维在整个创新思维的结构中处于核心地位，发散思维也是众多创新技法的基础。如果学会了发散思维，也就基本上学会了创新思维。但如果没有聚合思维，仅有发散思维就不能得到最终的创新结果。发散思维和聚合思维之间是一种辩证的关系。发散思维是求异思维，广泛搜集创新设想和方案（可能多数是不成熟的），为聚合思维提供加工对象；聚合思维是求同思维，对众多创新设想和方案认真整理、全面考察，精心加工成最优的创新成果。发散思维的关键是开放，聚合思维的关键是优化，二者对立统一，相辅相成。

处理聚合思维和发散思维之间关系的技巧在于保持二者之间适度的张力。张力，就是互相牵引的力。这种牵引力不能太紧，太紧容易绷断；也不能太松，太松不起作用。在进行发散的时候，不能发散起来没有限制，要考虑该聚合时就聚合；但聚合也不能太着急，没有发散完毕就聚合很可能会挂一漏万，丢失了最佳方案。

聚合思维是逻辑思维，知识和经验是聚合思维的基础。当人们试图通过聚合思维在大量设想与中心问题之间建立通道时，主要靠的就是知识和经验。

四、创新思维的过程——学习、积累到顿悟、外化的过程

创新思维的过程是怎样的？心理学研究表明：创新的本质不是瞬间的顿悟，不是说当你产生创新想法的时候，你的创新过程就完成了。创新发生在实干的过程中，包括复杂的心理活动和行为，创新过程的本质是执行。

学习前人知识是创新思维的开始。牛顿曾经说过：如果说我看得比别人更远些，那是因为我站在巨人的肩膀上。创新思维要求这个人本身在自己的专业领域中有一定的积累和基本的专业素养。大量的创新都是来自于对以前研究的重组和再发现，不先学习已有的事物，人们就没有原料来进行创新。

积累过后就是酝酿，要给头脑足够的时间加工所有信息。历史上的杰出创造者表示，他们最好的想法来自无法控制的无意识过程，为了给酝酿提供时间，很多有创造性的人会强迫自己阶段性地停止工作。他们从辛苦而专注的工作中抽身，去参加一项无关的活动：喝茶、散步、听音乐或者做其他的工作。

顿悟是创新者拥有的奇妙的主观体验。研究人员发现很多创新成果都是一系列复杂且微小的顿悟累积的结果。更多的学习和观察，以及积累的知识，都会为产生顿悟做好准备。当发现一个新的顿悟时，创造者必须对其进行评估，从而判断它是不是一个有价

值的想法。虽然，很多有创意的顿悟最后都被证明是无用的，但是它们足够吸引人，以至于能够从酝酿状态跃至人们的意识当中。顿悟也可能被证实是错误的，如果仅考虑科技因素，一些商业革新就可能行不通；一些新的艺术想法可能在理论上看起来很完善，然而一旦付诸实践，就可能很平庸，缺乏独创性或者很无趣。这个对顿悟的评估被称为收敛思维。收敛思维是创造性过程中发散思维阶段之后的。

落实是创新的源泉。成功的创新者，善于执行自己的想法，制订计划，调整计划。把一个想法变成现实是需要做很多工作的。创造性并不是来源于瞬间的顿悟，而是长期努力工作的结果。通过对创新过程的剖析，我们对创造性有了很多详细的了解：创造性不是一种特殊的心理过程，而是涉及每天的认知过程。创造性并不产生于顿悟的奇妙时刻；创造性的产品是长时间辛勤工作的结果，其间包括很多小的迷你顿悟，而这些迷你顿悟是由创造者的意识组织和结合起来的。

第二节　培养创新精神

陶行知先生曾说："人人是创造之人，天天是创造之时，处处是创新之地。"创新潜能是人人普遍具有的能力，而不是神秘莫测、高不可攀的，仅属少数天才人物的"专利"。当然，学生创新潜质到创新成果的形成，并非一朝一夕的事，而是在实践和需要中慢慢形成的。

创新精神是由创新需要、愿望和动机等对创新活动有重大影响的各种精神因素构成的一种稳定的精神状态。创新精神包含人们对创新的认识和态度，并以这种态度来规范和调整自己的活动方向，是一种稳定的精神态势。

一、创新精神就是批判与怀疑精神

学起于思，思源于疑。怀疑精神是指人类不迷信传统、权威，不相信终极真理存在，反对教条主义和权威主义的理性批判精神；是敢于向旧思想、旧理论发起挑战的一种实证精神和创新品质。怀疑精神和批判思维是创新意识形成和发展的思想源泉。亚里士多德说过，"思维是从疑问和惊奇开始的"，无疑就不会有异，有疑才会有思，无异就不会有创新，有异才会去探索，才会去创新。要想实现创新实践活动就要有怀疑精神，不唯书本、不唯权威理论，不唯经验，要敢于质疑、敢于批判、勇于挑战。独立思考、质疑一切是进行创新实践活动的灵魂。哥白尼日心说的问世是对托勒密"地心说"的怀疑；爱因斯坦"相对时空观"的诞生是对牛顿"绝对时空观"的怀疑；马克思"崭新的世界观"的出现正是基于恩格斯所评价的"他的意见是和所有他的前人直接对立的，在前人认为已有答案的地方，他却认为是问题所在"的理性批判精神。这些科学发展的历程验证了要有科学的怀疑精神，对于前人的知识既不能简单肯定，也不能全盘否定，应进行理性的批判，在继承、肯定的基础上"扬弃"与"否定"，实现创新和超越。

二、创新精神的实质是实践精神

创新是自我实现的必由之路，创新精神的本质是主观见之于客观的实践精神。没有实践就没有创新，创新本身就是一种实践，一种高水平的通向自我实现的实践。所谓的自我实现，就是充分发挥一个人的潜能。马斯洛认为，人的需要是有层次的，从低到高依次是生理的需要、安全的需要、爱与归属的需要、尊重的需要、自我实现的需要。越是低层的需要越基本，力量越强大，越是高层的需要越为人类所特有。自我实现的需要位于需要层次的最高端，我们每个人都有实现自我潜能的内在动力。人有好奇心、寻求知识、崇尚美、思考理念、辩明道理，这些都是自我实现的动机表现。

为什么有的人能够充分发挥自身具备的潜能，而其他人则不能呢？在杰出的自我实现的人身上，创新究竟起到了什么样的作用？马斯洛区分了两类不同的创造过程思维过程，是自发的、感性的始发过程和次级过程。先于评价的、始发过程是无意识的感觉和超于常识法则的过程，是相对于理性、秩序、逻辑、控制的次级过程。比如，在无数著名的创新事迹中可以看到共性的始发过程：灵感和顿悟的状态。我们有意识的理智太过于理性、数量化、概念化、分析化了，丢掉了大量事实。偏重于次级过程使我们倾向于忽略无意识过程的作用，甚至压制先于文化的始发过程，导致割裂和机械的人，创新活动是整合始发过程和次级过程的活动。在灵感和最终的创新成果间是大量的训练、庞大的艰苦作业、无数的实践和重复，体现了次级创新所需要的美德：顽强和耐性。所以专注于创新活动的人常常是整合和统一的，指向一个为解决问题而入迷的活动中。马斯洛认为一个心理健康的人，应该是善于创新的健康人。他能在一定程度上融合始发过程和次级过程，可以在理性和非理性、意识与潜意识、理智与情感之间调和得非常恰当。不畏惧潜意识中所有的意念，情绪自然流露，不受防御机制掩盖，坦然接纳自己的真实体验，专注于解决新问题的创新活动，因为需要充分调动自身的所有潜能，从而使人得到整合发展。因此心理健康的人、富有创新的人、自我实现的人，具有共通的特性。这样的人，代表了人性所能达到的最高境界。

异想天开

拓展资源

创新精神自我测试

1. 新遇到的问题常常令你精神兴奋还是情绪紧张？
   A. 精神兴奋　　B. 说不准　　C. 情绪紧张
2. 偶尔的考试失利会使你长时间陷于沮丧之中吗？
   A. 不会　　B. 说不准　　C. 是
3. 对难题的思索，你有经久不息的热情吗？
   A. 是　　B. 说不准　　C. 不

4. 你喜欢寻根问底吗？
A. 是 B. 说不准 C. 不
5. 你的好奇心难得有得到满足的时候吗？
A. 是 B. 说不准 C. 不
6. 理论和实践不能统一的时候，你通常会怎么办？
A. 怀疑理论 B. 怀疑实践 C. 不知道怎么办
7. 你认为平凡的世界有很多令人惊奇的地方吗？
A. 是 B. 说不准 C. 不
8. 你发现平凡的世界有很多令人惊奇的地方吗？
A. 是 B. 说不准 C. 不
9. 当你确信自己的观点正确时，你会毫不犹豫地坚持吗？
A. 是 B. 不能确定 C. 不
10. 你是一个消沉的人吗？
A. 不 B. 说不准 C. 是
11. 你的心境多变吗？
A. 不 B. 说不准 C. 是
12. 你迷恋创新吗？
A. 是 B. 说不准 C. 不
13. 钻研难题时，你会废寝忘食吗？
A. 是 B. 说不准 C. 不
14. 当你独立地解决了一个久拖未决的难题时，你会感到非常振奋吗？
A. 是 B. 说不准 C. 不
15. 当解决一个难题后，你会很快主动寻找一个新难题来着手解决吗？
A. 是 B. 说不准 C. 不
16. 你会主动选择一些比学校课程深的书籍来阅读吗？
A. 是 B. 说不准 C. 不
17. 在小发明、小创新活动中，多次试验的失败会影响你继续试验的热情吗？
A. 不 B. 说不准 C. 是
18. 你觉得发现的科学规律本身具有美感吗？
A. 是 B. 说不准 C. 不
19. 你能体会到我们国家的强盛、民族的振兴迫切需要创新吗？
A. 是 B. 说不准 C. 不
20. 你对家庭、社会怀有强烈的义务感和责任心吗？
A. 是 B. 说不准 C. 不
21. 你认为科学是一项崇高的事业吗？
A. 是 B. 说不准 C. 不

22. 金钱和荣誉，你会把哪一个放在首位？
A. 荣誉　B. 不能确定　C. 金钱
23. 你希望能用自己的创新成果为我们民族做出贡献吗？
A. 是　B. 说不准　C. 不
24. 你是一个有强烈事业心的人吗？
A. 是　B. 说不准　C. 不
25. 你相信自己在创新能力上不比同龄人差吗？
A. 是　B. 说不准　C. 不
26. 你有强烈的求知欲望吗？
A. 是　B. 说不准　C. 不
27. 即使身处逆境，你也不会丧失信心吗？
A. 是　B. 说不准　C. 不
28. 你崇尚探险吗？
A. 是　B. 说不准　C. 不
29. 一件不愉快的小事也会让你难过好几天吗？
A. 不　B. 说不准　C. 是
30. 早晨醒来时，你通常感到精神振奋吗？
A. 是　B. 说不准　C. 不

评分规则：

每题答A记2分，答B记1分，答C记0分。各题得分相加，统计分数。

总分：

0～19分：你的情感状态具有比较明显的消极倾向，你不是一个乐观、开朗的人，显然你缺乏创新的热情。

20～40分：你的感情特征中有一些有利于你从事创新活动的成分，也有一些不利于你进行创新探索的因素。

41～60分：你喜欢创新，进行创新探索会令你兴奋。这种情感状况会促进创新活动的开展。

第三节　打造创新团队

随着知识经济和信息时代的到来，学科间的交叉和分化趋势日益明显，研究对象纷繁复杂，涉及很多跨学科的内容，仅仅局限在某一领域很难获得突破性的进展，因此对创新成果产生了深远的影响。科研创新不再是传统的单枪匹马、单兵作战的模式，以个人或科研小组为单位已经不能适应时代发展的要求，分工明确、密切协作的团队合作模式显示出更强大的生命力。

一、创新团队的特点

团队是西方人力资源管理中的一个重要概念，最初是企业中的一种组织模式，其运作和实践的过程由来已久。管理学大师彼得·德鲁克认为，团队是一些才能互补并为负有共同责任的统一目标和标准而奉献的少数人员的集合。从系统论的角度看，团队作为一个有机、和谐的人际互动系统，是组织或群体的一种特殊形式，它一方面通过组织结构的扁平化，实现成员间的信息沟通，优化人员结构，提升系统功能。另一方面，通过成员间的技能互补，减少冗余，提升系统效能，从而更好地实现目标。团队理论的建立基于一种新的假设：一个人不可能专长于各个方面的专业知识，一些有相关知识、技能互补的成员聚集在一起可以共同解决问题，这种问题往往是一个人解决不了的。同时，团队理论强调团队中每个成员的合作，充分调动每个成员的积极性，使其产生“1+1＞2”的效应。

创新团队除了具有一般团队的共性，还有其特殊的一面，它不仅需要团队成员的密切配合，同时还需要团队成员更多地发挥个体的创造性优势。对于创新团队来说，创新是团队的使命和存在价值，具有以下鲜明的特点。

（一）团队具有共同使命和明确的目标

共同的使命如同把团队聚合起来的精神旗帜，是团队成员共同努力的方向，从提升团队效率的角度来说，共同使命对于团队凝聚力的提升至关重要，共同的使命能够使团队成员在信念、目标、兴趣方面保持一致性。创新团队由不同学科背景、经历、兴趣的成员所组成，他们作为个体，自身的价值观、需求和动机也各不相同。共同使命被全体成员接受，就会起到航标的作用，能够激发出团队成员的深层热望，使每个团队成员充分地发挥创新潜力，能够主动深入合作，创造出众人一体的感觉。只有这样，成员才会拥有正确的努力方向和持续创新的强大动力，促使团队力量最大化。使命赋予团队成员一种高度责任感，为创新团队开展工作营造了良好的氛围。

团队目标是团队奋斗的方向，是团队成员的共同行为导向，团队成员有共同的目标，成员之间才会彼此合作，这是构成和维持团队的基本条件，也是创新团队协同作战的可靠保证。明确稳定的共同目标可以促使创新团队形成科研凝聚力。明确的目标是创新团队努力工作的不竭动力，它既能够通过远大的目标增强团队成员团队整体的认可度和自身角色的定位，调动每位成员的积极性，激发成员的创造欲望，又能确保整个团队始终围绕既定目标，在通往既定目标的轨道上行进，科研创新工作不会偏离方向，能够将目标贯穿于创新活动的每一个环节。

共同目标的制定既能体现团队未来发展的远大目标，又能够体现团队成员的共同愿望。同时也要具有明确的可实现性和阶段性；创新团队的远大目标是宏大和长远的，并非一朝一夕就能实现，因此团队还应该将目标阶段实施，并按阶段和实际情况灵活制订具体的、切实可行的计划。随着阶段性目标的实现，团队成员才会对共同目标充满信心，团队的长远目标便能逐步实现。

（二）团队领导者具有战略眼光和协调能力

一个高效的创新团队除了每位团队成员密切协作、共同努力，还必须有一个团队领导者。团队领导者是创新团队可持续发展的基础，团队领导者不仅需要具备创新性的科研思维和良好的人文素养，对创新与社会需求的结合点有深刻的理解，同时还必须具备开阔的战略视野和出色的组织协调能力，能够调动每个成员的积极性，缓解成员之间的矛盾，使成员在各自的岗位上发挥作用，从而使团队和谐有序地运作，始终围绕着主要目标进行持久创新工作。

作为团队领导者首先必须具有战略眼光，能够在复杂的环境里透视未来，准确把握所在领域的创新发展方向，深刻洞察和了解所在领域的研究前沿，掌控大局，并根据情况灵活制定创新团队的目标，使目标既不脱离客观实际，又具有一定挑战性，能够围绕着目标锲而不舍地开展创新活动。其次，团队领导者也要具有高超的协调能力。创新团队的成员有不同的性格、学科背景、兴趣和经历，不可避免因为个体差异产生矛盾或冲突，需要团队领导者具有高超的协调能力，能够有效化解各种复杂的人事纷争，有效建立团队合作机制，科学地进行职能分工和绩效分配，鼓足整个团队的士气，朝着目标努力。作为创新团队的领导者本身就是优秀的创新人员，在某一或某些相关科技领域具有很强的创新思维和创新能力，能够用自己的创新思维或创新经验引导团队成员进行高效的创新性活动。同时，团队领导者还必须具有良好的人文素养，广泛涉猎各个学科尤其人文类的知识，构建有利于团队实现持续创新的文化氛围，能够以身作则，不断加强自身素质和能力的修炼，充分发挥自身特长，努力开发内在潜能，完善领导形象。

（三）团队成员优势互补，相互信任

优势互补是团队在确定研究方向和研究目标的前提下，实现成员间思维方式、学科结构、研究经验的优势互补，以及年龄、性格特征、工作风格的优势互补。创新团队一般是由一群拥有不同学科背景、知识技能、年龄及性格的成员组成，团队目标确定后，团队成员间具有高度知识互补性、技能互助性和信息差异性，要求每位成员既根据自身学科特长充分发挥作用，又通过学科间成果互补，注重协作能力的发展，使团队成员密切合作、取长补短，不断地交流碰撞，相得益彰，促进创新工作朝纵深、广博的方向发展。

创新团队的发展需要有良好的团队协作能力，能够使得内部和谐统一、通力协作，把在科学研究上相互联系、相互依存的科研人员通过团队的形式组织在一起，通过分工合作，分享与交换信息，来完成个人和一般团体所无法完成的更高层次的科研任务。

1. 相互信任

信任是一种心理契约，是社会团体规则、秩序的根本所在。没有信任，就没有秩序。戈伦比威斯基与麦康基曾指出：没有一个变量，像信任一样，可以这么完美地影响人与人之间、群体与群体之间的行为。团队成员对团队的信任，对于维系团队成员之间的关系具有关键性影响，并直接关系到团队的工作绩效和成果。这里的信任，既包括对团队带头人和其他团队成员学术能力、创新素质、敬业程度、人格品质的信任，也包括对团

队成员之间人际关系、协作意识的信任。信任能降低团队成员行为的不确定性，并缩短成员间的距离，是团队合作关系的润滑剂。学术研究工作的不易觉察性和信息相关性，对团队成员之间合作分享的主动性要求更高，若缺少了信任，团队成员的表现会受到干扰，从而影响团队学术目标的达成。

2. 妥善处理团队内部矛盾和冲突

和谐的人际关系是创新团队高效运作的必然条件。然而实际上，如同信任一样，冲突也是团队不可或缺的部分。由于客观存在的差异性，如对目标认识的分歧、个体的性格和态度、价值观和利益的冲突、职责和授权的不清等，在团队内部不可避免会产生各种各样的矛盾与冲突，如果不及时解决，会严重影响团队的发展。出现矛盾或冲突，良好的沟通是处理团队内部冲突的法宝。处理冲突时，首先要以一种接纳的态度面对冲突，把冲突的存在合理化，针对不同的观点展开交流与沟通，只有沟通才能实现互相之间的了解，产生信任，达成共识，巩固合作关系，产生强大的团队凝聚力。其次是在团队中维持冲突的适当水平，以始终保持团队旺盛的创造力，避免团队内部一团和气，对创新活动产生冷漠与迟钝的感觉。最后是对于学术团队内部的冲突，应充分利用其积极（建设性、有效性）的一面，避免其消极性的一面，形成有冲突和矛盾都能平心静气地进行交流的文化特征。这样不但可以帮助团队提高绩效，而且可以激发团队成员去思考问题、寻求改变，从而发展个体和团队的学术生产力和创造力。

（四）创新就是生命（鲜明的创新导向和持久的创新动力）

创新团队最突出的特点就是创新。创新团队是以创新为灵魂、以创新为共同愿景而组建的团队，团队中的所有成员应该都具有创新精神和创新能力。创新是团队生存与发展的基础，也是团队成员个人价值的最重要体现，创新团队必须具有持续产生新成果的能力，有着对创新不懈追求的执著和动力，这是创新团队的根本要求，所有的运行机制与管理制度都是围绕着这个目标进行的，这也是创新团队的价值所在，创新是创新团队的生命。

团队成员创新能力的强弱在很大程度上决定着创新团队竞争力，团队创新能力是指团队不断创新知识、技术，并不断把创新成果转化为为社会服务的能力。团队创新能力不仅是所有团队成员创新能力的总和，而是有创新能力的团队成员通过互动形成的一种融合了个人创造力在内的、其功效远远大于个体创造力的组织创新能力。这种团队创新能力是创新团队产生竞争力永不衰竭的源泉，没有创新能力，团队的竞争力就不会提高，在激烈的竞争中就会逐渐失去竞争优势，并最终走向失败。

二、团队精神的培育

团队精神是 20 世纪 90 年代至今管理学界最流行的术语，它的具体内容、理论与方法在各个行业中都得到了有效的运用和体现。在创新团队建设中，团队精神在组织规范的形成和人文精神的树立方面发挥了重要的作用。惠普总裁卡莉说：“没有团队精神，我们将无法创新和前进。”联邦快递亚太区副总裁陈嘉良先生也说：“团队精神至关重要，只有握紧的拳头出手才有力。”越来越多的企业、公司也把是否具备团队精神和与人合作的能力作为挑选人才的重要考评依据。团队精神已经逐渐成为现代社会对人才的一项基本素质要求。

所谓团队精神，是指团队成员认同和满意自己的团队，自觉地以团队的利益和目标为重，充分地发挥个人的创造性与创新性，在张扬自己个性的同时主动与其他成员团结协作，尽职尽责为实现团队目的和利益而努力奋斗的意愿和作风。团队精神能够激发成员的创造力，提高团队的创新性和工作效率。良好的团队精神就像一种黏合剂，能够有效减少团队内部的摩擦和消耗，形成良好的人际关系，增强团队内聚力，使团队成员认同目标，团结一致，把精力和才智用在团队的任务和发展上。

（一）激发凝聚力是团队精神的目的

激发团队成员的凝聚力是团队精神的目的。凝聚力是一个团队的灵魂，是让团队成员留在团队中，并且与团队成员一起追求共同目标的一种力量，它源于团队内部，是任何外力无法取代的。团队凝聚力是团队存在的必要条件，它对于团队行为和团队潜能发挥具有重大作用。团队如果失去了凝聚力，就不可能完成既定的任务和目标，本身也就失去了存在的条件。

凝聚力强的团队均具有三方面的特点：一是团队成员之间的意识沟通快，信息交流频繁，互相了解较为深刻，气氛民主，人际关系和谐融洽；二是团队成员有较高的归属感；三是团队成员愿意承担更多的责任，关心团队，维护团队利益。因此增强团队凝聚力，便于形成一种荣辱与共、休戚相关的团队利益乃至团队命运的共同体。

树立团队成员一致认同的目标，往往能够有效地激发团队凝聚力。例如，华为的企业愿景是“丰富人们的沟通和生活”，中国移动的企业使命是“创无限通信世界，做信息社会栋梁”，这种共同的使命能够起到凝聚团队的作用。共同的目标和使命，让团队成员获得工作的价值感和意义感，在遇到困难的时候从中获得力量和希望，对组织不离不弃。

良好的团队管理也会激发团队成员凝聚力。在领导方式上，团队领导者需要做到高瞻远瞩、宽厚待人，在团队决策中共商共议，采用民主型领导方式，对成员发言进行评价时要慎重，避免伤害发言者或欲发言者的积极性， 为了让成员打开思路，可以对其发言进行追问，不要急于评定其想法的优劣。在团队成员的交流与沟通中，相互尊重彼此的想法、把交流的中心集中在任务上，对事不对人，避免伤及他人感情。团队成员在生活和工作中互助互利，通过工作的进展来培养群体荣誉感，提高团队的向心力和凝聚力。

（二）协同合作是团队精神的核心

团队精神的核心是协同合作。协同合作就是团队成员之间彼此有着认同感和接受感，仿佛一家人的感觉，彼此依赖，彼此需要。在工作中，他们同舟共济，荣辱与共；在才能上，优势互补，发挥各自的特长；在生活上，相互关心，彼此关照；在情感上，相互信任，彼此包容。从而形成了一种极为协调的互动关系：“一方面他们和谐相处，充满凝聚力；另一方面他们又彼此促进，为了团队的成功他们常指出对方的缺点及进行对事不对人的争执，其终极目标都是促成更好的合作，追求团队的整体绩效与和谐。”

团队成员树立“我为人人，人人为我”的团队合作意识。在团队内部、部门之间、上下级之间、队员之间构成一个循环链，并不断加以完善，达到系统可以进行自我调节的效果。每个部门、每个人不仅要重视自己的位置，同时也要时刻准备着为他人服务，相互补给。团队成员之间高度信任、相互尊重，既关注工作本身，更珍惜彼此之间的友谊，能够共同营造和谐、宽松、友爱的工作环境。他们愿意分享知识、经验和信息，互相关心，使团队有一种强烈的凝聚力，成员在团队中有一种归属感与自豪感，彼此能够分享他人及团队的成功。

优良的团队精神能够陶冶团队成员的情操，使个人感受到同志式的友爱和发展机会，从而促进个人、集体、社会的和谐与宽容，发挥团队的功能，创造出比个体简单相加高得多的工作绩效，实现个人与组织的共同成长。

（三）挥洒个性是团队精神的基础

在创新团队中，团队成员的个性，就是自身与众不同之处，无论是学科背景、个性特征、个人经验、性别、年龄等，都能够得到尊重。团队成员个性得到充分尊重，才可能转化为优势，为团队提供不同的视角和丰富的资源。如果团队成员之间对彼此的差异不是求同存异的态度，而是加以消极的批评和怀疑，则会扼杀掉团队成员的创造冲动，抑制团队成员本可做出的贡献。同时，团员的个性在团队协作中必不可少。成员间的协作会产生团队中的“1＋1＞2”的效果，其重要性不言而喻。协作的过程实际上是不同的人在同一个工作环节中个性相互影响、相互协调，共同开展工作的过程。如果一群差异很大的人想要实现紧密配合，就必须相互尊重彼此的差异，从彼此的差异中受益。

作为团队领导，则更要重视团队成员的个性，用人所长，进行差异化管理。阿里巴巴的创办者马云曾评论说：唐僧是个好领导，他知道孙悟空要管紧，所以要会念紧箍咒；猪八戒小毛病多，但不会犯大错，偶尔批评就可以；沙僧则需要经常鼓励一番。这样，明星团队就形成了，一个团队里不可能都是孙悟空，也不能都是猪八戒，更不能都是沙僧。

（四）具有共同的价值观是团队精神的实质

团队精神的实质是团队成员拥有共同的价值观。共同价值观是指团队成员认同或贯彻同一价值体系，对成员具有导向、凝聚和约束等作用，是其行为取向的判断标准，是维系组织生存和发展的精神支柱，也是成员间密切关系的纽带。团队精神就是一个组织的共同价值观的凝结和体现，集中表现在团队具有一个成员们共同追求的目标，能够满足他们的共同需要和共同利益。这为团队的发展提供了方向和动力，在明确的目标指引下，成员们可以更加投入和努力，更有行动力和创造力。

在个人对待团队的态度上，团队精神首先表现为组织成员对组织具有强烈的归属感，即对组织的认同和忠诚。人总是希望自己在社会中有一个确定的位置，以获得物质上和精神上的满足，这就是归属感。它首先表现为对组织的认同。组织成员把组织视为“家”，强烈地感受到自己是组织的一员，将自己在社会中的位置具体定位在所在的组织，具有强烈的主人翁意识。认识到自己的个人利益和组织利益是紧密地联系在一起的，自己的命运与组织是休戚相关的。其次对组织的忠诚表现为组织成员采取集体利益优先的原则，在个人利益与集体利益发生冲突时，能把集体的利益放在首位，愿意为集体的利益尽职尽责，做出贡献，同时反对本位主义与山头主义，维持公利与大利。由于团队成员的目标和团队目标的一致性，组织成员相信、支持组织的目标，实现组织的目标就是实现个人的目标，自觉地把组织的发展看作自己的发展。以组织目标为重，自觉地为了实现组织的目标而尽心尽力，努力工作。另外，这种“归属感”还表现为组织成员具有强烈的自豪感，也就是为组织的成功而骄傲、为组织的困境而忧虑的集体荣誉感。自豪感是组织成员认为自己所在的组织有令人羡慕的对社会的贡献、良好的声誉、美好的形象和可观的收入而产生的荣耀心理。这是一种积极的心态，能激发工作的欲望，使人在工作中处于较佳的精神状态。

在对待个人价值实现与团队价值实现的态度上，组织成员都认为实现团队价值是对人的自我价值的彰显。团队精神作为团队的内在精神力量，包括团队的价值观念。就价值而言，它是一个对象相对于另一对象而呈现出来的功用性。团队价值即是存在于团队内部的价值观念和理性标准。它是团队的灵魂，也是团队个性化的表现，包括团队存在的意义、人的价值标准和价值实现方式。没有科学、明确、规范的价值导向，团队就会失去方向性，团队成员就会失去忠诚感、认同感。一个成功的团队是由个人所组成的，而每个人都有自己的认知情感、需要、信仰和价值取向，个人的自我追求及个性化都是个人自我价值的重要组成部分。如果个性得以张扬，潜能得以开发，就会产生莫大的成就感和归宿感，进而把自己的行动与团队的绩效紧密地联系起来，实现团队的最大价值。

综上所述，团队精神表明了组织成员的一种态度，一种对真善美，对个人和组织之间及组织成员之间的关系，对组织目标、利益与个人发展，对团队价值与个人价值实现，对团队事务与工作等的根本态度，这种态度与组织的要求相一致，并且逐渐内化为团队的价值观念和理性标准。因此，其实质就是组织与个人在长期的活动中形成的共同的价值观，是组织成员对客观事物意义总的看法和观点，这是一种持久的、稳固的、积极的群体心理，是综合群体成员的意向、信仰、情感、意志和品质后形成的一种新的“特殊的情感”。团队之所以能够“青出于蓝而胜于蓝”，在群体的基础上发展而来却又与群体有着本质的区别，就是因为团队成员与团队有着以共同的价值观为根本的团队精神。从这个意义上讲，组织建设的全部要旨就在于培养以共同价值观为根本的团队精神，用价值观、团队精神把人员组织起来。因此，要把一个组织建设成为一个团队，关键就在于把成员个人的价值观与组织的价值观协调统一，努力提高这个群体的凝聚力、协作意愿、士气。只有当群体成员间有共同的承诺感、力求协同行动并且个人目标与组织目标和利益相一致的时候，即具有浓郁的团队精神的时候，该群体才算是发展为团队。

三、在团队中增强主动性

（一）在创新团队中激发自己的创新力

1. 突破范畴陷阱

首先，突破范畴陷阱可以帮助我们重新定义问题，而突破范畴陷阱的方式，便是创建新的范畴。关于如何突破范畴陷阱，下面这个来自宜家的例子可以给出很好的说明。来自瑞典的宜家作为一个靠性价比取胜的家具商，降低成本就是非常重要的事情。宜家曾经在寻找塑料凳的供应商上面遇到了困难，他们找遍能够找到的生产塑料凳的厂商，没有一家能够达到他们的低成本要求。在这样一筹莫展的情况下，有人想到，在生产轮胎的过程中，会产生这种塑料凳所需要的原材料——橡胶。而轮胎生产中余下的边角料就可以通过再利用来生产塑料凳，何不去轮胎厂商试试？后来宜家频频采用这种跳出“范畴陷阱”的方式，屡试不爽，比如让衬衫厂来生产椅子靠垫，让门窗厂来生产桌子框架，用阿迪达斯生产厂商的边角料来制造 CD 架等。在这个例子中，宜家最终放弃了在“塑料凳生产商”这个范畴内寻找解决方案，创建了一个新的范畴——在生产中能够产出塑料的生产者。

2. 接纳新的信息

接纳新的信息，有助于我们适应变化，不再“不假思索”地做事情。就好比我们开车，我们得时时注意路上的新情况，才能安全行驶。有研究发现，开车的时候，离家越近，越容易发生较小的交通事故。为什么呢？因为离家越近的地方是自己越熟悉的地方，越是在熟悉的地方，越容易放松警惕，反而注意不到路上发生的新情况。同样，一项工作日复一日地做久了，太熟悉了，简直可以说闭着眼睛都能干好。但是别忘了，这世界上唯一不变的就是变化。下面这个例子，很值得我们参考。

拓展资源

柳传志谈接纳新的信息

1978 年 11 月 27 日，中国科学院计算所 34 岁的工程技术员柳传志按时上班，走进办公室前他先到传达室拎了一个热水瓶，跟老保安开了几句玩笑，然后从写着自己名字的信格里取出了当日的《人民日报》，一般来说他整个上午都将在读报中度过。20 多年后，他回忆说：“记得 1978 年，我在《人民日报》上看到一篇关于如何养牛的文章，我激动不已。在当时，养鸡、种菜全被看成是资本主义尾巴，是要被割掉的，而《人民日报》竟然登载养牛的文章，气候真是要变了！”

——摘自《激荡三十年：中国企业 1978-2008（上）》

从那时起，柳传志一直密切关注社会的变化，1984 年，40 岁的柳传志告别每天读报的生活，创办了联想。同一年，还有很多这样的人，关注和接纳新信息，做了“春江水暖鸭先知”中的鸭子，快人一步，做了一个时代的企业家，比如李经纬创办了健力宝，张瑞敏开始在青岛电冰箱总厂展开拳脚，一个叫赵新先的军医大学教授带着自己的“三九胃泰”开始创业。

3. 思维角度多元化

思维角度多元化，就是要用不同的视角来审视同一件事，以一种开放的心态来审视自己的行为。同一件事，本来就可以有多种不同的看法，不同的人对一件事的看法可能完全不一样。比如，两夫妻吵架，朋友去劝和，问太太："你们为什么吵架？"太太回答说因为先生太喜欢打麻将，经常半夜不回家。再问太太："你先生一周打几次麻将？"太太回答："经常打！一周最少三次！"这位朋友再去问先生："你是不是经常在外面打麻将。"先生回答："很少打，一周最多打三次！"

一千个人眼中有一千个哈姆雷特，不可能只有1个人是正确的，其余999个人都是错误的。接受不同的视角，可以帮助我们获得更多的行为选择，帮助我们增加创造性地解决问题的途径。

（二）勇敢跳出小团体意识的藩篱

小团体意识是一种"圈子文化"，物以类聚，人以群分，在团队中，成员间性格、兴趣、价值观等的差异，必然使兴趣、价值观或利益一致的团体成员走得近一些，小团体的建立，更多的是人为的主动因素，而非团体职能所致。为了维护小团体的利益，小团体以外的成员会受到小团体本能的排斥，小团体扭曲了团队精神的概念和内涵，对于"大整体"的团结有百害而无一利，这与创新团体的目标要求是格格不入的。小团体的形成，会对创新团队的发展构成阻碍，无法培育整个团队的团队精神，进而影响到整个创新团队的存在。

我们需要鼓励大团队精神，不搞小团体，一个团体要想增强员工的团队意识，很重要的一方面就是要在职工中树立大团队的意识。团队成员都要多沟通，多交流，心往一处想，劲往一处使，在全单位营造一种团结的气氛，鼓励树立大团队精神，摒弃小团体主义，才能使创新团队在良性发展的轨道上运行。团队中的每位成员都要发扬团结协作、相互配合的精神。必须要从全局出发，所有的部门、所有的人共同努力，紧紧围绕单位目标，相互协作，相互配合，才能保证团队的发展与活力。

（三）远离团队固化，永葆团队创新活力

团队固化是团队机制僵化的一种形态，具体表现为团体中人员缺乏流动性，在自己的职责范围内开展工作畏首畏尾，做事情缺乏激情，循规蹈矩，墨守成规，因循守旧。也表现为思想的僵化，没有开拓意识，缺乏创新精神，这与创新团队建立的初衷是背道而驰的。一个团队建立后管理无法跟上形势，会形成团队管理的落后，进而影响到团队成员的创新积极性，工作进取心受到挫败，产生得过且过的心态，久而久之在自己职责范围内形成不思进取、消极拖沓的心理，也会严重影响整个团队工作的开展，创新团队的存在就没有价值。

只要对团队科学进行有效管理，合理配置团队成员的岗位职责，适当进行物质或精神奖励，培养团队成员强烈的责任感和奋发向上、积极创新的敬业精神，团队成员就能衷心地把组织事务视为自己的事，视工作为组织赋予的使命，不仅尽职尽责，而且积极主动、尽心尽力，充满活力、创造性地工作，表现出锲而不舍、孜孜以求的恒心和坚定、积极、向上的作风。

第五章

构建积极的人际关系

人，是社会关系的总和，每个人都处在错综复杂的社会关系中。每一个人都需要和他人建立一定的关系，且都有建立积极人际关系的渴望和需求。这就从根本上决定了人际关系是一种普遍的存在，是社会关系的一种类型，任何人都无法超越。人与人之间的真诚理解、和睦相处、团结互助、平等友爱、共同进步的积极人际关系是个体健康成长、事业有成、社会和谐发展的基础。

美国心理学家沙赫特·斯坦利曾经做过这样一个实验：他以每小时 15 美元的酬金聘人待在一个小房间里，这个小房间与世隔绝，房内有一桌、一椅、一床，没有报纸，没有电话，不准写信，也不让其他人进入。三餐由人送至门底下的小洞口，住在里面的人伸手就可拿到食物。有 5 名大学生参加了实验。实验结果是其中一人只待了 20 分钟就要求出来，放弃了实验；3 人呆了 2 天；最长的呆了 8 天。这个呆了 8 天的人出来后说："如果让我在里面再多待一分钟，我就要发疯了。"

可见，人是很难长时间与他人隔绝，每个人都不可能孤立地存在，必须与他人交往方可保持健康的身心。

第一节　积极人际关系是成才的助力器

人际交往是个人社会化的起点和必经之路。社会化即个人学习社会知识、生存技能和文化，从而取得社会生活的资格，开始发展自己的过程。如果没有他人的合作，个人无法完成这个过程。人只要活着，不管愿意或自觉与否，都必须与人进行交往。人一生的成长、发展、成功，无不同他人的交往相联系。和谐、友好、亲密的积极人际关系对增进个体心理健康、获得安全感、确立价值观、提升幸福感、成就自己具有非常重要的作用。

一、积极情绪改变人际交往

人际关系最重要的特点是具有情感的基础。人与人之间的亲近与疏远、合作与竞争、友好与敌对，都是心理距离远近的表现形式，都具有情感色彩。“好感”“反感”就是这个道理。良好的情绪体验会使个体更主动更积极地知觉他人，增强人际信任，促进积极人际关系的建立。

（一）快乐是人际交往的纽带

快乐的人认知积极，不受不良情绪的压抑和束缚，所以在人际交往中，首先看到的是别人身上的优点和长处，喜欢与人交往，对人热情主动，因此在人际交往中更能吸引人，更易获得友谊。快乐，会在不经意间让人放松、释放压力；快乐，会令人感觉很舒心，喜悦之情油然而生。所以快乐的人也能让他人快乐。美国心理学家威斯曼对 25 名大学女生和 18 名大学男生进行调查后发现：快乐的大学生，更自信、乐观，更有才能，有更多的成功机会，人际关系更亲密，能更多地发挥创造性，做事更容易实现目标。科学家对长寿老人的调查也表明：他们中有 96%的人自称是乐观主义者。

（二）爱是人际交往的动力

人为什么会存在交往活动？是什么导致人们的交往活动？从心理学上讲，爱的需要是人际交往的初始动因与最终归宿。人，天性怕孤独，有归属于群体的强烈渴求。人们希望生活在群体中，希望被他人接纳，得到他人的关心、理解、支持、信任与爱；同时也希望爱他人、关心支持理解他人。正是这种爱的需要，推动了个体走进他人的内心世界、走进群体，去了解认识他人，真诚关心帮助他人，从而促进友善和谐的人际关系的形成。没有发自内心的爱，就不可能在现实社会中表现出人际交往的欲求，就不可能在人际交往中彼此关心、真诚互助、共同进步。

（三）感激是人际交往的润滑剂

感激，是对别人所给的帮助表示感谢。感激，首先是一种认同。在人际交往中，因为心怀感激之情，所以对人欣赏，持积极肯定友好的态度。其次，感激是一种回报。当别人帮助了自己，我们心怀感动充满谢意，并且在他人需要帮助时伸出援助之手，正如古人所言“点滴之恩，当涌泉相报”，同时也增强了我们的一种责任意识、自立及自尊意识，这是一种自我精神境界的追求。再次，感激可以消除内心所有积怨，可以涤荡世间一切尘埃。童话作家金小芙说：“种植什么，都不如种植感动来得快。”阳光的照耀、亲人的关爱、友人的牵挂、恩师的教诲、陌路人的帮助、敌人的打击等。这一切都是我们感激这个世界的理由。感激的心容易感动，感动的心充满温暖，温暖的心快乐无穷。心理学研究表明，人际交往中存在着一种互酬互动效应，即你以何种心态和行为去对待人，别人也会以同样的方式给以回报。人生在世，不可能一帆风顺，种种失败、种种无奈都需要我们勇敢面对与豁达处理。只有学会感激，懂得尊重他人，发现自我价值，才能以平等的眼光看待每一个生命，重新看待我们身边的每个人，尊重每一份平凡普通的劳动，也更加尊重自己。在感激的氛围里，人们会努力行使自己的责任，减少许多怨天尤人。只有知道感恩，人的一生才会生活得更富足更美好！

拓展资源

徐本禹的故事

徐本禹家境贫寒，考入大学后，学习和生活遇到很多困难，得到学校的资助、老师同学的关爱和社会的帮助。这化为强大的精神动力，激励他自强不息，立志成才，做一个对国家、对社会、对他人有用的人。他勤奋学习，成绩优秀，获得国家奖学金和学校“特困生自强奖学金”，并被评为学校三好学生和优秀毕业生。他富有爱心，在大学期间节衣缩食，用自己勤工助学的微薄收入和刻苦学习所得到的奖学金，先后资助多名经济困难的同学，并积极为社会公益事业捐款。他在自述中写道：“我唯一能做的就是把爱心传递下去，用自己的行动来帮助那些需要帮助的人。”“我愿做一滴水/我知道我很微小/当爱的阳光照射到我身上的时候/愿意无保留地反射给别人。”……考上研究生后，他放弃深造机会，到贫穷山区当了一名小学教师，以帮助解决落后山区的教育问题。

徐本禹身上体现了当代大学生乐观向上、自强不息的宝贵品质，显示了当代大学生的感恩之情和强烈的社会责任感。

二、构筑多赢的人际关系

在充满激烈竞争的时代，作为一个大学生，不仅要有学习能力、应对问题和挫折的能力，还要建立良好的人际关系。人际交往不是一种本能，而是一种需要后天学习和培养的一种能力，所以，大学生在成长过程中要想有所作为，就一定要学会人际交往，构建和谐的人际关系。

（一）你好我好大家好

在日常人际交往活动中，常见的交往模式如下：你好我不好，你不好我不好，我好你不好，我好你好大家好。你好我不好，表现为自卑，严重者甚至是社交恐惧，这源于童年的无助感。这种态度如果没有随年龄的增长而改变，长大后就容易放弃自我或顺从他人，这些人喜欢以百倍的努力去赢得他人的赞赏。我不好你也不好，不喜欢自己也不喜欢别人，看不起自己也看不起别人，常放弃自我，陷入绝境，极端孤独和退缩。我好你不好，以自我为中心，自以为是，总认为自己是对的，而别人是错的，把人际交往中失败的责任推在他人身上，常导致自己固执己见，唯我独尊。我好你也好，相信他人，能够接受自己和他人，并努力去改变他们能改变的事物，善于发现自己和他人的优缺点与长处，从而使自己保持一种积极、乐观、进取的心理状态，是一种成熟、健康的人际交往心理模式。在人际交往中，不伤害自己，不伤害其他人，保障你好我好大家好三赢原则，是我们有效进行人际交往、建立融洽人际关系的首要条件和选择标准。

（二）广结校园人脉之缘

山没有脉，就无所谓雄伟，无所谓延绵万里；叶没有脉，就难以亭亭玉立，难以遮风挡雨；人如果没有脉，自然如同离开水的鱼，无法乘风破浪，创造辉煌。如同鱼的命运与水息息相关，我们每个人的命运也都和他人密切相关。一个人如果缺少人脉，就没法获取相关资源，会错失掉一些机会；如果拥有好的人脉资源，就有可能事半功倍。

在大学校园，最主要的人脉关系就是师生关系和同学关系。这两种关系良好，不仅可以让大学生在校期间指导有效、学业有伴、相互支持、共同进步，还能在未来的职业生涯中获得智力支持和精神支持。

1. 广结师生人脉

我们经常说，教师影响学生的一生，这种影响力恒久存在，我们永远都不知道这影响力会止步何处。教师身负教书育人之责，所以在校期间，教师是学生知识的传授者、能力的训练者、思想的引导者，他们以自己的人格和学识潜移默化地影响学生，是学生走向社会、走向生活的人生导师。良好的师生关系可以达成教学相长，能够让学生成为栋梁人才。众多成功人士在总结自己成长成才路上对自己影响最大的关键性人物时，首选是曾经教过自己的老师！

“青出于蓝而胜于蓝”“长江后浪推前浪”……这都说明了教师对学生成长的重要作用。同时，教师的各种资源，也会为学生在社会上拼闯提供支持。所以，大学生在校期间一定要利用各种机会与老师接触，建立起良好的师生关系。

拓展资源

好老师对学生的影响

虽然我们都知道好老师对学生非常重要，但我们却缺乏实证研究和数据的强有力支持。在美国，已经有一些权威学者对此进行了实证研究，并且用令人惊讶的数据告诉我们——好老师对学生的影响力有多大！

研究表明：“好老师，非常值得拥有！”

哈佛大学教育研究生院的托马斯·凯恩教授，领导的一项由比尔与梅琳达·盖茨基金会资助的三年研究发现，以其学生的考试成绩为标准所确定的不合格老师，能够把一名学生的教育进步推迟 9.54 个月。

2011 年 12 月，哈佛大学的哈吉·切提教授和约翰·N.弗里德曼教授与哥伦比亚大学的约拿·E.罗科夫教授共同领导一项研究，对美国过去 20 年中的 250 百万名儿童和年轻人的学业成绩与收入进行了系统研究。

通过检查研究对象的学校记录（档案）、考试成绩、纳税申报单、父母特征和他们长大成人后的状况，使用了有争议的“加值测量评估”工具控制种族和贫困率变量，结果三位教授发现，用一名优秀老师替换一名表现不良的老师，能够显著增加学生一生的经济收入——每间教室平均高达25万美元。

这三位常春藤名校教授在《教师的长期影响：教师的附加值与学生成长结果的对比研究》一文中，首次公布了他们的这一研究成果，立即引发全美教育界和媒体的强烈关注和激烈争议。

三位教授认为，所谓的好教师可以称为“高附加值教师”，即那些尽职尽责提高学生标准化考试成绩的教师。这样的教师一般每所学校只有不到5%，因此可以把他们称为学校的“明星教师”。而那些不优秀的教师则可以称为“低附加值教师”，他们大致在全校教师的倒数5%之内。

为了更好地开展实证和数量化研究，切提、弗里德曼和罗科夫以分析学区的数据为主，选取了250万名从三年级到八年级的学生为样本。研究结果显示，教师对四至八年级学生有显著影响。平均而言，教师的附加值如果能够在一个年级提高一个标准差，那么到学生28岁的时候，他们的薪水就能够提高1%；如果把一位附加值排在倒数5%以内的教师替换成一位达到平均值的教师，就会提高学生终生的收入。

这一研究还表明，无论学生的水平有多高，也不管学生家长的收入有多少，只要有一位好老师出现，学生在未来的收入都会有一定比例的提高。一位小学生一年哪怕只遇到一位好老师，到成年时，他们的收入每年都能递增。推而广之，好老师也会对国家的经济产生重要影响。

而且该研究还显示，“高附加值教师”对学生的影响力是正面的、重要的、长期的。凡是受教于“高附加值教师”的学生，都更愿意上大学特别是名牌大学，他们的薪水自然会更高，并且愿意选择生活在发达的居住区，也会主动积攒养老金。切提、弗里德曼和罗科夫强调，从大的测量谱系来看，这些人之所以比较出色，就是由于他们在学校拥有一位“高附加值教师”。

2. 广结同学人脉

对于很多人来说，同学关系是非常珍贵的，因为学校生活是人一生中一段美好的回忆，不论小学、中学还是大学，每个阶段都让我们回味无穷。在某种程度上，同学关系是仅次于血缘、婚姻关系的一种社会网络。或许很多毕业生都有这样一种感受，毕业之后在社会上所构建的人际关系（如同事关系）多半带有很强的功利或利益交换性质。相比之下，同学关系作为在学校读书期间所构建起来的人际关系，显得单纯很多，因为同学之间本来就没有真正的利害冲突，这种单纯的同学关系有淳朴的一面，通过这种关系来处理一些事情，自然更加便利了。正所谓一提到“老同学”，就意味着一种期许，一种信任，一种实实在在的帮助。

很多创业者的成功经历告诉我们一个道理：在创业者的人脉资源中，按其重要性来看，排在首位的就是同学资源。

“福布斯中国富豪榜”上的南存辉和胡成中就是小学和中学时的同学，一个是班长，一个是体育委员，后来两人合伙创业，企业做大以后才分了家，分别成立了正泰集团和德力西集团。一位创业者曾说，他到中关村创立公司前曾经花了半年时间到北大企业家特训班上学、交朋友。他开始的十几单生意都是在同学之间做的，或是由同学帮着做的。同学的帮助，在他创业的起步阶段起了很大的作用。

尽管同学中能成为铁杆朋友的不多，但能在关键时刻互相帮忙的不少。因为源于共同的经历或学历，同学之间很容易产生信任感。即使平时不联系，必要时一样可以找同学帮忙，而不必非得打着草稿拐弯抹角。

大学是结束学生生活、面向社会职场的准备阶段，为自己今后的职业生涯积蓄更多的能量，从而为以后的职业成长奠定丰厚的基础，就成为大学生必须面对的挑战。这里所说的能量有两层含义，既包括专业知识的学习、专业技能的练就、社会实践经验的初步积累；还包括对社会环境的认知、处理人际关系的历练，以及积聚进入社会职场所必须借助和依赖的各种人脉资源。

在现代社会中，人与人之间是相互支撑、团结互助的关系，没有人可以做到万事不求人，如果期望自己以后拥有良好的人脉资源，必须尽早开始这样的积累。更何况，真诚热心地帮助和结交他人的过程，本身就是一个可以从中分享无尽快乐的过程，也是个帮助自身形成健康、良好的为人处世习惯的过程。如果一个大学生在入学的时候，既注重学业的完成、重视社会实践的参与和技能的获取，又能通过人际关系的历练，完善人品的修养，这样的四年大学生活才是真正全面丰收、价值无限的。

第二节　积极人际关系的障碍

在人际交往中，常常会有一些因素影响彼此关系的建立。认识和克服这些制约良好人际关系的因素，会让我们尽快建立起积极的人际关系。

一、认知偏差

在现实生活中我们看到，有些人能被周围的人喜欢，甚至仰慕，众人都以与之结交为荣幸和愉快；而有的人却被周围的人嫌弃和疏远，被拒斥在群体的活动圈子之外，孤零零的。造成人际关系相容或相斥的原因，除了个人品质和人们相互协调上的影响等因素，一个重要的但往往被人们忽略的因素就是人们在人际交往中的认知偏差。这种认知偏差是对交往对象真实情况的歪曲和错觉，反映了人在人际认知中的非理性和主观性，所以如何克服这些认知偏差以拥有一个良好的人际关系就显得很关键。

（一）心存偏见

个人的认知程度水平都是有限的，当一个人根据错误或不完全的信息认识人和事物时，偏见就产生了。而“偏见”首先产生于“第一印象”。“第一印象”微妙而深深地影响着人们相互间的关系。譬如交女友时，第一印象很重要，第一印象不好，就很难谈成。

然而，第一印象往往不是很准确，因为在很短的接触中所依据的材料十分有限，据此来评价一个人不可能完全正确。可是，人际交往中人们很难避免被第一印象左右。所以人们在初次交往时，要尽可能给对方一个好印象。其次，“刻板印象”也是产生偏见的原因之一。刻板印象一旦形成，对人的判断十有八九要出偏差。但是，只要我们善于用“眼见之实”去核对“偏听之词”，就可以避免“偏见”的产生。偏见的产生还受环境的影响：诸如生活境遇、情绪状况。例如，“人逢喜事精神爽”，当一个人处于这种情绪状态时，在他眼里一切事物都是美好的。这说明主体状态影响本人对知觉印象的判断，这也是一种偏见。由此，我们应该知道，不要在别人心情不佳时去麻烦别人。在这个意义上，察言观色有其积极意义，也是防止偏见产生的必备条件。然而，产生偏见的一个更为普遍的原因是错误的逻辑推理。人们往往从一个人存在某种品质为出发点，这种推理上的偏差会造成“以偏概全”。故防止和消除偏见是件不容易的事。偏见也可能产生于组织内某个或某几个人的说法或是抱怨。例如，同样一个职位，有人说用男职员比用女职员好，这句话是一个偏见。因为社会学家证明，女性和男性在智慧上大体相似。因此，认知的偏差就形成了人际交往中的个人障碍。

（二）以小人之心度君子之腹

“以小人之心，度君子之腹”，认为别人和自己一样有着相同的好恶、相似的观点。这就是心理学上典型的投射效应。投射效应也叫自我投射效应，是指自我内在心理的外在化，即以己度人，把自己的情感、意志特征投射到他人身上，强加于人，以为他人也应如此，结果往往对他的情感、意向做出错误评价，歪曲他人意愿，造成人际交往障碍。这种情况在人际交往中的表现形式是多种多样的。例如，有的人对别人有成见，总以为别人对他怀有敌意，甚至觉得对方的一举一动都带有挑衅色彩；自己感兴趣的东西，也以为别人同样感兴趣，便高谈阔论地讲个没完；自己喜欢议论别人，就总认为别人也在背后议论他；还有的男生或女生暗恋自己喜欢的异性时，总认为对方也喜欢自己，在观察对方时，总觉得对方对自己有意，对方一个眼神、一个动作、一个友好的表示，甚至一句玩笑话，都会被他（她）误认为是爱的信号。投射效应是一种自我防御的反应，有时会有利于人们相互理解，有利于进行自我心理调节，但在人际交往中，这种主观猜测，也常常会造成误会和矛盾。由于投射效应的存在，我们常常可以从一个人对别人的看法中来推测这个人的真正意图或心理特征。由于人都有一定的共性，都有一些相同的欲望和要求，所以，在很多情况下，我们对别人做出的推测都是比较正确的。但是，人毕竟有差异，所以推测也有出错的时候。

拓展资源

相由心生

宋代著名学者苏东坡和佛印和尚是好朋友，一天，苏东坡去拜访佛印，与佛印相对而坐，苏东坡对佛印开玩笑说：“我看见你是一堆狗屎。”而佛印则微笑着说：“我看你是一尊金佛。”苏东坡觉得自己占了便宜，很是得意。回家以后，苏东坡得意地向妹妹提起这件事，苏小妹说：“哥哥你错了。佛家说‘佛心自现’，你看别人是什么，就表示你看自己是什么。”

（三）以偏概全、爱屋及乌

“以偏盖全”“爱屋及乌”就是心理学上的“晕轮效应”，即指我们在评价他人时，常常喜欢从某一特征出发来得出或好或坏的全部印象，就像光环一样，从一个中心点逐渐向外扩散成为一个越来越大的圆圈，因此有时也称“光环效应”。晕轮效应对人际交往有很大的影响。多数情况下，晕轮效应常使人出现错误，影响理性人际关系的确立。晕轮效应可以增加个体的吸引力而助其获得某种成功，这或许是有利的一面。为了防止晕轮效应的不利影响，我们要善于倾听和接受他人的意见，尽量避免感情用事，要全面评价他人，理性和他人交往。如果想利用晕轮效应有利的一面，我们在与人交往时应采用先入为主的策略，全面展示自己的优点、掩饰缺点，尽量留给他人完美的印象。

晕轮效应最早是由美国著名心理学家桑戴克于20世纪20年代提出的。他认为，人们对人的认知和判断往往只从局部出发，放大而得出整体印象，就是常说的以偏概全。一个人如果一方面的优点被宣扬出来，那么他就会被一种赞许的光环笼罩，并被赋予“全盘皆优”的肯定；如果一个人的某些缺点被曝光，他就被批评的光环笼罩，并被认为“满盘皆输”。这就好像刮风天气前夜月亮周围出现的圆环（月晕），据此，桑戴克为这一心理现象起了一个恰如其分的名称“晕轮效应”，也称作“光环作用”。

日常生活中，晕轮效应往往对我们的影响是潜移默化的。恋爱中的人更是将爱屋及乌、一叶障目发挥到了极致，以至于从喜爱一个人的某个优点波及喜爱整个人，又进而从喜爱他这个人泛化到喜爱一切与他有关的事物。这就是 “爱屋及乌”。

晕轮效应有三个特点：遮掩性＋表面性＋弥散性。如果以这样的方式进行思维活动或与人相处，直接的伤害便是极易产生偏见。俄国著名的大文豪普希金曾因晕轮效应吃了大苦头。他狂热地爱上了被称为“莫斯科第一美人”的娜坦丽，并且和她结了婚。娜坦丽容貌惊人，但与普希金志趣不同。当普希金把写好的诗读给她听时，她总是捂着耳朵说：“不要听！不要听！”相反，她总是要普希金陪她游乐，出席一些豪华的晚会、舞会，普希金为此丢下创作，弄得债台高筑，最后还为她决斗而死，一颗文学巨星过早陨落。普希金因娜坦丽的美丽而忽视了两人之间的兴趣和价值观的不同，这种认知就是典型的“晕轮效应”。

二、技能不足

人际交往能力的欠缺是影响人际交往的原因之一，而对于有些大学生来说，则是主要原因。有的人不善于了解和掌握交往的一些知识、技巧，在与人交往中显得生硬、木讷，自己的意思不能很好地表达清楚，让别人理解；有的人则是存在认知偏差，不重视交往中的“第一印象”，不注意沟通的方式，在与人交流过程中不讲究艺术。有些人在与人的交往中，不注意交往的原则，开玩笑不注意场合，不懂给别人留面子，伤对方的自尊或者不懂得尊重对方的风俗习惯。这些表现都有损自身形象的塑造，降低自己在别人心目中的印象分，从而影响与别人的进一步交往

（一）词不达意

语言是人际交往的一种纽带和重要工具。任何一种语言，除了表情达意的功能，还能起到消除误会、拉近距离、增进相互了解的作用。在人际交往中，有的人不能很好地表达自己的思想，有时并非自己不愿意表达，而是不知道怎样表达。比如，有些同学想关心人，但不知从何做起；想赞美他人，可怎么也开不了口；内心想表示温柔，言语则是硬邦邦的；或者说话不能恰如其分，夸大其词；或是不看对象，不注意分寸，不知道什么该说什么不该说；或者想表达的意思说出来别人就听成了另外一种意思，词不达意。这些都是语言表达能力欠佳的表现。这样会影响交际心理的展现，妨害相互间的交流。

（二）不善于倾听

古时有一个国王，想考考他的大臣，就让人打造了三个一模一样的小金人让大臣分辨哪个最有价值。最后，一位老臣用一根稻草试出了三个小金人的价值，他把稻草依次插入三个小金人的耳朵，第一个小金人稻草从另一边耳朵里出来，第二个小金人稻草从嘴里出来，只有第三个小金人，稻草放进耳朵后，什么响动也没有，于是老臣认定第三个小金人最有价值。同样的三个小金人却存在着不同的价值，第三个小金人之所以被认为最有价值是因为其能倾听。其实，人也同样，最有价值的人，不一定是最能说会道的人。善于倾听，消化在心，才是一个有价值的人应具有的最基本素质。

上帝给人们两只耳朵，一张嘴，其实就是要我们多听少说。生活中，有魅力的人一定是一个倾听者，而不是滔滔不绝、喋喋不休的人。倾听，不仅仅是对别人的尊重，也是对别人的一种赞美。我们知道，在社交过程中，最善于与人沟通的高手，是那些善于倾听的人。可事实上，生活中的人们并不都是善于倾听的。人往往有一种表现欲，喜欢在以自我为中心的孤僻区域喋喋不休，喜欢把自己的优点在别人面前展示得一览无余，喜欢逞一时口舌之快，喜欢看到别人被自己说得张口结舌和不知所措的表情。于是，心高气傲的人们之间便多了一分隔阂，少了一些包容，多了一些冲动，少了一点理智。于是乎，寂寞、失意与种种的怀才不遇便如同流感一样穿行于大街小巷。不善于倾听还表现在：和别人沟通时，打断对方讲话，以便讲自己的故事或提出意见；讲话时没有和对方进行眼睛接触，眼睛不正视对方，或东张西望，让人感觉你对对方的讲话没有兴趣；或者任意终止对方的思路，或者问了太多的细节问题；催促对方；接打电话、写字、发电子邮件，或把注意力转移到其他事情上；忘记对方所讲的内容；特意等到对方讲完，只为方便你对他所讲的内容“盖棺论定”……这一切都是不能沉下心来倾听别人讲话的表现。

拓展资源

职场人与倾听

埃森哲调研：职场人热衷于多重任务，不善于倾听

埃森哲最新全球调研发现，尽管几乎所有的职场人（96%）都自认为是合格的

倾听者，绝大多数受访者（98%）仍会用部分工作时段同时处理多项事务。事实上，近三分之二的受访者（64%）表示，倾听在当今数字化的工作环境中已变得愈发困难。

这项题为“倾听、学习、领导”的调研共访问了来自30个国家的3600位职场人士。调查发现，80%的受访者表示，他们在参加电话会议时会浏览工作电子邮件、即时信息、个人电子邮件、社交媒体，以及新闻和娱乐信息（比例分别为66%、35%、34%、22%和21%）。那些认真倾听电话会议的人，通常需要从该会议中获取某些信息，或是担负着领导、参与或跟进相关讨论的责任。

同时，埃森哲的调研还就一系列职场议题提供了以下洞察：倾听技巧。受访者们认为良好的倾听技巧非常重要，尤其是先思后言（54%）、提问题（49%）和做笔记（49%）的能力尤被看重。调研还比较了“婴儿潮一代”（出生于1946～1964年）、“X一代”（出生于1965～1978年）和“千禧一代”（出生于1979～1996年）职场人的不同反馈：64%的“千禧一代”表示会在一天中逾半的工作时间同时处理多项事务；相比之下，“X一代”和“婴儿潮一代”中分别有54%和49%的人会这样做。

（三）缺少同理心

同理心是在人际交往过程中，能够体会他人的情绪和想法、理解他人的立场和感受并站在他人的角度思考和处理问题的能力。

其实，同理心就是人们在日常生活中经常提到的设身处地、将心比心的做法。无论在人际交往中面临什么样的问题，只要设身处地、将心比心地尽量了解并重视他人的想法，就能更容易地找到解决方案。尤其在发生冲突或误解时，当事人如果能把自己放到对方的处境中想一想，也许就可以了解到对方的立场和初衷，进而求同存异、消除误解。其实，同理心本身并不是什么新的想法。两千多年前的孔子早就说过：“己所不欲，勿施于人。”也就是说，具有同理心的人能够做到“推己及人”。生活中人们常说：“人同此心，心同此理。”强调的也是同理心。无论是在工作中还是在日常生活中，凡是有同理心的人都善于体察他人的意愿，乐于理解和帮助他人。这样的人最容易受到大家的欢迎，也最值得大家信任。

在实际的人际交往中，一些大学生缺乏同理心主要表现在如下几个方面。一是唯我独尊。一些大学生处处以自我为中心，不从别人的角度出发，不会设身处地地替人思考，特别重视自我存在、自我感觉、自我价值，而忽视他人的存在与感受，轻视他人的生命价值，习惯于用自己的欲望控制他人。二是缺乏同情心。有些大学生只关心自己的各种需要和利益，对与己无关的人和事达到了超乎寻常的冷漠程度，表现出毫无恻隐、同情、助人之心，因此而丧失了人性的善良，变得自私、封闭、麻木、脆弱、敏感、偏激，甚至残忍。三是缺乏反身意识。一些大学生做事时不为对方留下足够的空间和余地，发生误会时不替对方着想，不主动反省自己的过失，抱怨责难他人，把责任推在别人身上。

妻子正在厨房炒菜。丈夫在她旁边一直唠叨不停：“慢些，小心！火太大了。赶快把鱼翻过来。快铲起来，油放太多了！把豆腐整平一下！”“哎呀，”妻子脱口而出，“我懂得怎样炒菜。”“你当然懂，太太，”丈夫平静地答道，“我只是要让你知道，我在开车时，你在旁边喋喋不休，我的感觉如何。”

所以，学会体谅他人并不困难，只要你愿意认真地站在对方的角度和立场看问题。

三、新媒体的冲击

随着新媒体的迅猛发展，大学生作为博客、播客、微博、微信、SNS社交网站的主要使用群体，其人际交往模式也在不知不觉受到新媒体的影响。一方面，新媒体以其开放性和海量化的信息，开阔了大学生的眼界，促进其与多种多样的角色交流和互动，虽然是与虚拟角色的人际交往，但也能提高其人际认知能力。另一方面，大学生张扬个性、乐于表现自我、自我中心意识强、思想开放独立，这与新媒体的“平等性”、“互动性”和“去权威化”等特点相协调。新媒体交流方式多种多样，如运用文字、表情符号、声音等，使一些内向害羞的大学生交流起来更加顺畅。借助网络新媒体，大学生的人际交往变得更加快捷和自由，为大学生社会化的多元发展提供了可能。

新媒体现在已成为大学生人际交往中不可或缺的一部分，但它对大学生人际交往也产生了一定的消极影响，具体表现在以下几个方面。

（一）加剧对现实人际交往的疏离

新媒体降低了原本丰富的校园人际交往，将学生的兴趣引向了各种替代功能，逐步替代了传统的书信、电话问候，无法像书信那样“见字如面”，更不能像电话一样让对方听到富有变化的语调和声音里面的喜怒哀乐，拇指下来来往往的文字，打着祝福的招牌，抄来抄去都是转发，手机的便捷性则省略了面对面的倾诉，将节日的问候转化为一种极为“廉价”的短信。没有了朋友间真诚的祝福，媒介所创造的形式就是如此机械化的统一，但人与人的交往却包含更多层次的感情，从而容易导致人与人之间的情感疏离和冷漠。伴随着越来越多的校园“宅”一族的出现，这种交友方式备受青睐。许多大学生除了上课吃饭，就是在寝室里上网，他们接触社会是以媒介为中介的。加之许多独生子女的人际交往能力有所欠缺，不少在网络上很活跃的积极分子在日常却很冷漠。新媒体正好填补了这一空缺，既满足了他们想要了解朋友的愿望，又不必亲身接触，从而保持一个适当的距离。网络的虚拟性为缺乏社交锻炼的同学提供了空间，但却并不能提升他们所欠缺的能力。长期置身于虚拟世界，缺乏亲身与人及自然的接触，无法满足与人真实对话的欲望，回到现实生活中无法适应，造成自我认知的模糊与困惑，加剧了孤立心理的形成，极容易导致“网络人格分裂”，从而极大地影响现实社会中的人际交往。

（二）降低人际信任

新媒体提供的交流平台依托于网络，如手机短信、博客、微博、微信、社交网站、QQ、MSN等都具有明显的虚拟性，很多人以匿名的方式、多重身份进行交流，其中普遍存在言行失范、真实缺位等风险。大学生在使用此类社交工具时无法判断交往对象信息的真实性，这使他们对于交往对象还是持一定的怀疑态度，不愿意表露真实的自己，或者说更愿意以一种匿名的方式跟别人交流以获取安全感和满足感。很多大学生在现实生活和网络中判若两人。心理学研究发现，一个人的人格特质是某种行为形成习惯之后形成的。大学生习惯在网络社交时虚情假意，一旦形成习惯，就很容易把这种习惯带到现实人际交往中来。而现实社会不同于网络世界，有严格的伦理道德规范，虚情假意等不道德的行为在现实人际交往中往往会受到谴责，会导致人际交往的诚信危机，影响大学生健康的人际交往，从而加剧大学生现实人际关系中的信任危机。同时，新媒体的匿名性和弱监控性给予大学生更大的选择权和自主权，致使他们在使用网络社交工具时容易摆脱现实道德观念的束缚。网络上虚假信息传播，“物质、情感欺骗事件”时有发生，很大程度上是因为大学生按照自己的喜好、意愿、兴趣去施展自己的个性。这也在一定程度上使大学生易对他人产生不信任感，从而导致信任危机，影响良好的人际关系建立。

（三）导致现实人际交往能力退行

新媒体时代下，我们用手指获得了信息，用电子符号取代了书信沟通，用个人的博客取代了日记，用网络语言代替了部分传统语言……所有这些用新媒介的准则都在快速地影响着大学生的生活方式和思维方式。随着新媒介的不断发展，越来越多的大学生沉迷其中不能自拔，原本朴素的东西、原本慢节奏的生活、原本充满意义的思考正在被这些最新的网络工具稀释甚至代替，很多人满足于与媒介中虚拟社会的互动而回避现实社会的互动，停留在图像和符号的表层，不能进行深入了解和交往，使大学生漠视、疏远现实生活中融洽的人际交往，引发心理孤独与压抑：有的会表现为情绪低落、兴趣丧失、精力不足、思维迟缓、自我评价能力降低，有的甚至在心理上出现焦虑、强迫、忧郁、依赖、逃避等特征，从而弱化人际沟通能力，导致人际交往障碍。美国斯坦福大学学者诺曼尼就曾经说过，国际互联网会制造一个充满孤单者的世界。同时，网络交往的随意性也可弱化大学生在有着层级结构的垂直社会里的人际交往能力。现实社会对人们之间的交往有一系列的礼仪要求，但当网上交往的自由随意成为习惯后，网下的交往也会不可避免地打上自由随意的烙印，会产生一系列的不符合礼仪要求的交往行为，导致交往的失范与失败。

第三节 提升交往能力增进人际关系

一、把握交往的主动权

（一）己所不欲，勿施于人

“己所不欲，勿施于人”，出自《论语》，是处理人际关系必须遵循的金科玉律，也是人际互动的黄金法则。自己不喜欢做的事，千万不要迫使别人去做。这条“为人法则”，几乎成了人类社交普遍遵循的生活原则，它和民间常说的将心比心、设身处地为别人着想等都是一个意思。从自己的内心出发，去理解他人，对待他人，推己及人。“己所不欲，勿施于人”体现了人类对美好人际关系的向往。不懂得这一点，就难以建立良好的人际关系，难以成就事业，难以实现自我，难以获得成功。

其实我国早已产生过众多的推己及人的先贤，“大禹治水”的故事就是“己所不欲，勿施于人”的崇高典范。大禹接受治水的任务时，刚刚和涂山氏的一个姑娘结婚。当他想到有人被水淹死时，心里就像自己的亲人被淹死一样痛苦、不安，于是他告别了妻子，率领 27 万治水群众，夜以继日地进行疏导洪水的工作。在治水过程中，大禹三过家门而不入。经过 13 年的奋战消除了水患，完成了流芳千古的宏伟大业。到了战国时候，有个叫白圭的人跟孟子谈起这件事，他夸下海口说：如果让我来治水，一定会比禹做得更好，只要把河道疏通，让洪水流到邻近的国家去就行了，那不是省事得多吗？孟子很不客气地对他说：错，把邻国作为聚水的地方，可能使得洪水倒流回来，会发生更大的灾害。从“大禹治水”和“白圭谈治水”这两个故事来看，白圭只为自己着想，不为别人着想，这种“己所不欲，要施于人”的错误思想，最终难免要害人害己。“大禹治水”把洪水引入大海，费尽功夫，但这样做能让本国和邻国人民都免于灾害，这种推己及人的精神，值得我们钦佩和效仿。

（二）合法地满足他人之需

合法地满足他人之需可谓人际交往的白金法则。白金法则的精髓就在于：以别人期待的方式对待他们。这种为人处世的态度，能使主体在社交中始终处于主动地位，容易把握住人际交往的主动权，有的放矢地处理好各种人际关系。

白金法则包含两个要点：交往行为要合法、交往以对方为中心。人际交往中想取得成功，就要在合法的条件下满足对方的需求。具体说来：在人际交往中，以对方为中心；进行换位思考；做到有效沟通；我们不可能满足所有人，但应该争取让多数人喜欢自己。满足别人的合法需求，对于他人不合理、不合法的要求，要勇敢而有艺术地拒绝。

拓展资源

想搬离寝室的女大学生

小张是一名即将步入大四的女学生，她最近不想在寝室住，原因是她与曾经的好友小黄产生了较大的矛盾。一开始她们关系不错，后来经过一段时间相处，小张觉得小黄不适合做她的好朋友。而小黄将小张视为很不错的朋友，平时特别爱找小张一起学习、吃饭、逛街，但小黄并不知道小张的心思。有一次小黄请客，在吃饭的过程中，小张明确表示不想再与小黄做好朋友，这导致小黄很反感，她们的关系从此变得很不融洽。同时小张最近与男朋友也在闹别扭，小张无数次提出分手，每次分开不到三个月后又主动提出复合。现在复合后又想分开，但这次她在等男生开口提分手，因为她怕自己先提会再次后悔，害怕因为分手影响自己的学习成绩。

小张咨询的问题为：是否搬出寝室租房子居住？是否要真的彻底和男友分手？如果分手影响自己的成绩怎么办？最后，小张请老师代为做出决定，老师委婉拒绝了。一是职业道德要求：心理老师不可以替任何学生做出任何决定；二是咨询老师的职责：

引导来访学生认识到自己的问题及原因，并通过彼此的沟通，启发学生自己领悟到解决问题的方法。

案例点评：小张与小黄在人际关系中存在认知不协调、信息不对称等问题。小黄认为小张适合做朋友，而小张却不这么认为。小张在大庭广众之下的说法有损小黄的自尊，对小黄的情感是个伤害。人与人之间是在长期相互了解的过程中建立起关系的，要不要与小黄做好友，建议小张可以经过彼此更深入的了解再决定，与小黄继续相处一段时间，看看是否有与小黄建立好朋友关系的可能，给小黄与自己一个机会。如果确定在交往过程中不能建立好朋友关系，可委婉与小黄沟通、表明自己的态度，保持普通的同学关系。

至于小张与男友分手，事实上是她的人际关系处理方式在恋爱中的体现。建议小张仔细分析每次与男友闹矛盾的原因，可以先不提分手，给彼此较长思考的时间与冷静的机会，在这个过程中，思考与对方的感情到底有多深？能否包容对方的缺点与不足？如果可以包容，那么需要积极调整自己；如果无法包容，在尊重对方感情与自尊的情况下友好、果断地分手。

（三）赠人玫瑰手有余香

勿以恶小而为之，也莫以善小而不为，善待他人就是善待自己，赠人玫瑰手有余香。人们在付出的同时，也收获了助人之后的满足感与成就感。无私地帮助别人，不但有益于社会，也让助人者实现自我，获得更多快乐与幸福。

中央电视台有几则公益广告——黑漆漆的夜晚，环卫工人在深夜吃饭，而居民为他们留了一盏灯；过马路的盲人就要踩上香蕉皮了，男孩飞身把果皮捡起来扔进垃圾桶；跑步锻炼的青年随手推了一下满载货物正在爬坡的三轮车。生活中这样的好人好事还有很多，帮助别人是每个人应尽的责任和义务。善良而乐于助人的人，付出一些，或许得到更多；不求回报，却意外地获得丰厚的回报。赠人玫瑰手有余香，帮助别人，快乐自己。如果别人因为我们的帮助而更加快乐和幸福，那么我们就会得到心灵的净化、精神的满足和道德的升华，更能彰显我们人生的意义和价值。

拓展资源

习近平总书记给“郭明义爱心团队”的回信

“郭明义爱心团队”的同志们：

来信收悉。得知你们“跟着郭明义学雷锋”，用爱心温暖需要帮助的人，在服务社会、助人为乐、爱岗敬业中提升人生境界，感到很欣慰。在此，我向你们，向全国广大的志愿者和爱心人士，致以崇高的敬意！

雷锋精神，人人可学；奉献爱心，处处可为。积小善为大善，善莫大焉。当有人需要帮助时，大家搭把手、出份力，社会将变得更加美好。我国工人阶级应该为全社会学雷锋、树新风作出榜样，让学习雷锋精神在祖国大地蔚然成风。希望你们努力践行社会主义核心价值观，积极向上向善，从“赠人玫瑰、手有余香”中感受善的力量，以实际行动书写新时代的雷锋故事，为实现中国梦有一分热发一分光。

祝大家工作顺利、阖家幸福！

资料来源：《人民日报》2014年3月5日（责编：杨丽娜、程宏毅）

（四）以诚相待承诺是金

真诚是相对于虚伪而言的，与人交往时要捧出一颗真挚的心。真诚性这一概念源于古希腊哲学家的“认识你自己”和“真诚地对待自己”等思想，是指个体了解自我，拥有个人的思想与体验（包括情感、需要、偏好、信念及价值观等），并按照自己的真实想法行事。真诚性并不是个人与生俱来的内在品质，而是由他人归因于个体的一种特征，因而是一种关于关系的现象。

每个人都希望他人真诚地对待自己，在真诚友好的氛围中建立良好的人际关系。任何对立与冲突，都能在真诚的言行中化解；任何怨恨不满，都能在真诚的关怀中消融；任何困顿厌倦，都能在真诚的互爱中散却；任何猜忌误会，都能在真诚的交流中释怀。这个世界并没有绝对的“对”与“错”，只是个体所站的立场差异。在生活和工作中，做到经常站在他人的立场，主动去理解别人，设身处地为他人着想，真诚地认同他人的言论，即使对方观点有悖也不去指责。只有当我们用真诚去关注他人，我们才能获得别人的认可和支持。

以诚待人，应尽量做到：①耐心倾听他人；②多鼓励他人发言；③多提别人的名字；④恰当赞美，让他人感到自信……

真诚是通往阳光明媚人际关系的大道，你能通过它，走进他人的内心。以诚待人、信守承诺是人们相互信赖和友好交往的基石，待人真诚而不虚伪，信守承诺而不欺骗，这样在人际交往中才能赢得他人尊重和长久友谊。

二、增强语言沟通的有效性

在日常语言交流中，说得多不如说得精，学会用清晰简洁的语言，含蓄而有艺术地表达，充分利用幽默以增强沟通中的愉悦，用出其不意的言语给别人留下美好而深刻的印象。

（一）表达的智慧

语言的表达要尽量做到简洁清晰，有时多说无益，相反可能会令人生厌，因此语言尽量做到不拖泥带水，同时也要学会含蓄表达，用幽默的语言、奇特而深刻的语言与人交流。

东方人区别于西方人的显著特征之一是含蓄，而中华民族尤以含蓄著称。千百年来的东方文化深刻影响着中国人的心理发育、性格成长和气质形成，也影响着中国人的行为方式、情感表现和语言表达。语言含蓄是有身份、有教养的表现，被认为是君子、雅士所为；语言直白通常被认为是没文化、没教养的表现。

随着时间的推移和社会的变迁，含蓄表达法似乎已被大多数人遗忘。人们在表现自己，展示自我的同时，追求的是锋芒外露，含蓄有时似乎不合时宜，加上现代社会人们的生活节奏加快，人们已没有多少时间与精力来细细品味那含而不露的言外之意。但在拒绝他人请求时，最好用含蓄的方式，委婉地表达自己的意见与想法。

（二）赞美的艺术

赞美是人际交往的润滑剂。爱听赞美是人们提升自尊，寻求支持、鼓励和自信的一种正常的心理需求。人人都渴望被赞美，在人际交往中，适当地给予别人真诚的赞美和夸奖，会使他人感到心情愉悦，增进继续交往的意愿和互相的友谊。赞美能让人在交往中敞开心扉，增进友谊，甚至可以化解危机，营造更愉悦的社交氛围。赞美是一种艺术，正确掌握和运用这门艺术，你会从中受益匪浅。以下列举比较实用的赞美技巧。

（1）直接夸奖法："你真的很有气质。""你今天真是太优雅了。""你真是这方面的专家啊。""从你身上我确实学到了很多东西。""你处理同学矛盾的方法真是合情合理啊。""你是我最尊敬的人。"等诸如此类的直接赞美会让人心情愉悦、信心大增。

（2）间接赞美法：借用第三方传达对他人的赞美之词，有时候比直接赞美更让人信服与感动，似乎也显得更真诚、更可信。生活中经常听到，"我听小张说你能力可强了""老师说你的文笔不错""班长说你特别乐于助人"，等等，这就属于间接赞美法。

（3）辩证分析赞美法：用辩证的眼光看问题，赞美事物积极的一面，从对方的缺点中找出有积极意义的东西。坏事好说带有一定的恭维和安慰成分，它不仅是一种言语交际技巧，更显示出对他人的礼貌与尊敬，而且可以引导他人向积极的心态转化。例如，遇到个头矮小的人，赞其乖巧玲珑；遇到肥胖的人，赞其有福气；遇到瘦弱的人，赞其精干或苗条；遇到邋里邋遢的人，赞其有艺术家风度；遇到爱做白日梦的人，赞其想象力丰富；遇到自以为是的人，赞其独立、有主见、有魄力；遇到吝啬小气的人，赞其节俭、会理财等。

当然赞美他人还有其他方法，可无论运用哪种方法，赞美时也要注意：赞美时应保持真诚，赞美的内容应具体避免空洞，同时还要把握好时机。赞美是社交活动成功的必备法宝，只有掌握好赞美艺术和技巧，才能在增进人际关系中起到良好的效果。

（三）幽默的魅力

创新型人才往往具有以下特点：独立性强、求知欲浓烈、好奇心重、爱思考、知识面广，以及幽默感。有幽默感的人很有亲和力，容易与他人建立良好人际关系。幽默更是种润滑剂，有着无尽的魅力，它可以化解矛盾；幽默让初次相识的朋友产生好感、加深印象。有幽默的人，可以尽情地展示出知识和才华。

周恩来总理就以幽默机智、风度翩翩而享誉中外。柬埔寨已故国王西哈努克曾评价周恩来是他遇见的国家领导人中最聪慧、最幽默的一位。有一次，周恩来在中南海勤政殿设宴招待外宾。客人们对中国菜的花样繁多、风味独特、味道鲜美都赞不绝口。这时，上来一道汤，汤里的冬笋、蘑菇、红菜、荸荠等都雕刻成各种图案，色、香、味俱佳。然而，冬笋片是按照民族图案刻的，在汤里一翻身恰巧变成了法西斯的标志。贵客见此，不禁大惊失色，忙向周总理请教。对于这个问题，周总理也感到十分突然，但他随即泰然自若地解释道："这不是法西斯的标志！这是我们中国传统的一种图案，念'万'，象征'福寿绵长'，是对客人的良好祝愿！"接着他又风趣地说："就算是法西斯标志也没有关系嘛！我们大家一起来消灭法西斯，把它吃掉！"话音未落，宾主哈哈大笑，这道汤也被客人们喝得精光。周总理就这样用幽默的语气化解了一场意外的尴尬。

从领导力的角度来说，幽默是一种值得推崇的心理特质，而有幽默感的领导往往会受到更多的追捧。美国政坛中，每个政客都要接受幽默训练，以图在演讲与辩论中抓住听众的心，展现自己的机智。人们甚至有一种潜意识：在美国政界，一个不具幽默感的人是不配从政的。事实上，各国政坛的领导人中都不乏具有幽默品质的人，不管是政界的国家首脑，还是商界的企业总裁，如果能够适时地展露幽默，必然会受到更多的爱戴。因此，领导者常通过幽默使自己的形象人性化，并且给他人留下达观的印象。

美国前总统罗斯福，有一次家里遭窃，朋友知道后就纷纷写信向他表示慰问，罗斯福却立即回信向他们致谢，信中说：谢谢你们对我的关心，但我现在的情况还没有你们想象的那么倒霉，因为第一，窃贼只偷去我的部分家财，而没有偷走我的全部财产；第二，窃贼虽然偷走我一些东西，却没有伤害我的生命；第三，更值得庆幸的是做贼的是他而不是我！罗斯福的这封回信，既化解了朋友们的担心，又体现了他的幽默和胸怀。

三、非语言沟通的魅力

所谓非语言沟通，是指通过面部表情、身体姿势、目光交流、手势等进行信息交流的一种沟通方式。非语言作为语言沟通的有益补充，有时起到"此时无声胜有声"的功效。微笑是最有感染力的非语言能力，真诚微笑可以温暖人心。目光与眼神折射出人内心的态度，身体姿势与动作可以反映出个体的情绪状态，而人际亲疏则可以从人际空间距离中解读。

（一）用微笑温暖人心

美国"旅馆之王"希尔顿先生有治业三训：勤奋、自信、微笑。他生前最快乐的事情莫过于乘飞机到世界各地希尔顿连锁饭店视察工作，他问雇员的第一句话永远都是那句至理名言：你今天对客人微笑了没有？在生活中，微笑无时无刻不在发挥着它的魔力。若能面带微笑并以诚恳的态度对待他人，沟通效果会更好。

微笑正用它独特的魔力，拉近人与人之间的距离，让大家成为朋友，更加亲近与团结。心烦意乱时，鼓励的笑，会使人心平气和地走出颓废的低谷。发生矛盾时，彼此一笑，就能化干戈为玉帛。亲朋好友分别时，彼此赠送一份恋恋不舍的微笑，蕴含着美好的祝愿与悠长的牵挂。陌生人相见，微微一笑，就能减少拘束，增加亲和力与信任感。有时在学习、交友、生活、工作中难免会遇到不如意与挫折，及时调整自我心态以微笑面对，能够帮助个体及时走出心理误区。

（二）巧用目光与眼神

眼睛是心灵的窗户，是面部表情的核心，具有传情传神的特殊功效，它能够最明显、最自然、最准确地展示自身的心理活动。对于眼神的作用，早在春秋战国时期，孟子也曾做过精辟的阐述：存乎人者，莫良于眸子。眸子不能掩其恶。胸中正，则眸子了焉；胸中不正，则眸子非焉。埃克哈德赫斯在他的《会说话的眼睛》一书中指出，眼睛能显示出人类最明显、最准确的交际信号。我们在日常生活中也会注意到，目光与眼神折射出内心态度，高兴时眼睛笑得眯成一条缝，气愤时会怒目而视，沉思时会皱起眉头而两眼发呆，注意力集中时会目不转睛，而注意力分散时则会目光四射、东张西望，人们交谈中的每一个眼神都在密切配合着说话人的谈论，向对方传递信息。当对方来到你面前，应尽量采用正视目光，注视对方两眼与唇鼻的“倒三角区”，以示对他人的尊重，可多为他人投去赞许的目光。

当然文化有着不同的目光接触方式。在有些文化中，直盯对方，特别是陌生人，会被视为失礼之举。一些西方人会对直视感到不自在。对他们来说，这一举动过分强烈了。然而，视而不见亦不可取，因为这可能意味着对交谈对方不感兴趣，不重视，甚至不信任，易让他人产生不被尊重的感受。与此相反的是，在其他一些国家，特别是一些亚洲国家，直视上级被看做是不尊敬和不顺从的表示。如何在交谈中确定是否直视他人和把握对视时间需要不断实践。

如今，由于通信电子设备的发展与普及，人与人之间的眼神交流越来越少，心理学家把这种现象称为“担心错过”社交机会的心理。很多拥有移动设备的人经常反复查看屏幕出现的内容，以确定自己没有错过的信息，出现了“低头族”。眼神交流的减少，会引起很严重的社会问题。在个体谈话过程中，双方保持眼神接触的最佳时间是 7～10 秒；而在群体谈话中，两个人保持眼神接触的最佳时间是 3～5 秒。彼此选择恰当时机注视对方，会给人传达出信任和尊重的情感。

（三）学会运用身体姿势

身体姿势表明情绪状态，比如，双手抱胸常常表示缺乏安全感，手指不停地揉捏衣角则表示紧张不安，身体前倾表示好奇、感兴趣，而身体侧对或后倾则表示回避。双手交叉出现在有防卫意识的时候。人有时紧张的时候，也会不自觉地紧握自己的手，在最紧张的时刻，往往会有手心冒汗、手指毫无血色，甚至双手发抖等情况发生。通常情况下，当想与对方友善、亲密时，会选择近距离人际交往。如果你希望给别人好印象，就必须淘汰那些负向的身体语言，避免行为和言语出现矛盾，让别人产生不信任感或敌意。

拓展资源

学会读懂面试官

你得到一个很好的工作面试机会。你跃跃欲试，特别期待能获得这份工作，因此你有些紧张，希望能给面试官一个好印象。

你可以怎么做呢？

其实，从见到面试官的那一刻，就必须注意自己的身体语言。微笑并直视对方，如果他回以微笑，很可能表示你有一个好开始。但如果对方面无表情，也不要焦虑。

注意眼神的接触，正向回应面试官的身体语言，突破面试官的心理防线：对方紧绷着脸，你要面露微笑；对方姿势僵硬，你就身体放松。

记得不要交叉手臂，也不要跷起二郎腿；双脚略为平行，正对主考官而坐。双手轻松垂下或置于膝上，眼睛平视，不要心不在焉或东张西望。坐时身体微向前倾，可以给人积极的印象，但别太靠近以免造成压迫感，如果注意到面试官不自觉后退，试着放松你的姿势，稍微向后靠。

（四）以动作增强表达效果

动作也可以成为语言的一部分，动作语言指用身体的运动表现某种具体含义，包括手、肩、臂、腰、腹、背、腿、足等动作。孔子曰：听其言而观其行。聆听语音语调，观察行为动作，才能更为准确地把握他人意图。在人际交往中，常见的动作语言为手势语和姿态语。手势语是通过手和手指活动来传递信息，能直观地表现人们的心理状态，它包括握手、招手、摇手、挥手和手指动作等。手势语可以表达赞成、鼓励、友好、祝贺、欢迎、惜别、不同意、为难等多种语义。握手是人际交往中最频繁的手势语。姿态语，是指通过坐、立等姿势的变化表达语言信息。姿态语表达自信、乐观、豁达、庄重、矜持、积极向上、感兴趣、尊敬等语义。人的动作不是孤立的存在，而是交往活动的组成部分，是人的思想感情和文化教养的外在体现。在人际交往中配以恰当的动作，可以增强表达的效果。

（五）正确解读人际空间距离

空间距离反映人际亲疏关系，由于人们的关系不同，人际距离因而也不同。在情感上已经充分接纳的对象，如恋人之间、亲子之间，人们才能够容忍长时间的有意身体接触。如果没有情感上的相应接纳，则会被认为是严重侵犯，使人心理上感受到很大压力，并产生强烈的负面情绪体验。这种体验会迫使人们调整自己与别人的空间距离，直到重新有了完整的自我空间。美国人类学家爱德华·霍尔提出四种人际空间距离模式。

（1）公众距离是公开演说时演说者与听众保持的距离。近范围为3.7～7.6米，远范围为7.6米之外。适合于正式场合，如演讲或其他公共事务中，此时沟通往往是单向的。

（2）社交距离近范围为1.2～2.1米，远范围为2.1～3.7米，沟通中保持的距离转变为社交距离，意味着沟通不带有任何个人情感色彩。通常的正式社交活动、外交会谈，人们都保持这种程度的距离，许多商业交往多也保持这个距离。

（3）个人距离是朋友之间进行沟通的适当距离，一般为46～76厘米，这个距离恰好可以亲切握手，友好交谈，是朋友之间交往的距离。此时，人们说话温柔，接受大量体语信息。

（4）亲密距离的近范围就是身体的充分接近或直接接触。15厘米以内，这是亲人、夫妻之间的距离。在此距离上双方均可感到对方的气味、呼吸、体温等私密性感觉刺激。

由于人际空间距离的客观存在，我们在日常社交活动中就应当给以足够的认识，有礼貌地维护属于他人的空间范围，以保证交往活动在平等、轻松的气氛中进行。合理运用你和他人的空间距离，会使交往取得意想不到的实际效果。

第六章

提升生命的价值

生命只有一次，在这有限的人生中，我们需要对生命有更深的解读，从而追求属于自己的生命价值。生命的价值蕴含丰富的内涵，包含人生的自我价值和社会价值。自我价值体现了个体生命存在的意义，社会价值表现为个体对社会进步的贡献。正如有的人认为，生命的价值在于我们对待生活的态度，努力让人生实现自我，乐趣无穷；有的人认为，生命的价值在于追求真理，他们孜孜不倦探索世界、崇尚艺术，对美不断追求；还有的人认为，生命的价值在于奉献，付出才会有收获，父母养育子女、老师教书育人、医生救死扶伤、警察除暴安良，这些不同的角色都在履行人生的职责，用奉献提升他们的生命价值。总之，只有当拥有积极的生命价值观，认真思考关于自我的问题，并投身实践，才能探索生命的真谛，实现生命价值的最大化。

第一节　在学习实践中提升生命价值

学习是伴随人类生活始终的一项活动。人类为了生存和发展，必须学习，没有学习就没有人类的发展和进步，大学生不仅需要努力学习，学会学习，更要热爱学习，享受学习。

一、学习是立身之本

学习是基于旧有经验的积累和优化。一个人只有通过不断的理论与实践学习才能提升、完善和超越自己，获得身心的全面发展，建立与周围世界的联系，探索未知世界。对于大学生来讲，在大学阶段的“学习”是在教师有目的、有计划、有组织的系统指导下进行的学习，包括通识学习和专业学习。但是很多大学生过分重视专业学习而忽视通识教育，殊不知，其后果是把自己变成视野单一的考试人，又或者有 IQ 无 EQ 的无趣人。对于大学生来讲，学习的目标是“促进个人的全面发展”，所以通识课的学习和专业学习同样重要：通识学习的目标是培养完整的人（又称全人），即具备远大眼光、通融见识、博雅精神和优美情感的人，而非仅仅是某一狭窄专业领域的专精型人才。只有通过博而专的学习，大学生在生理与心理、智力与情感、道德和意志、人格与学识等各个方面得到自由、和谐和全面的发展。在这样一个前提下，作为大学生，还应该掌握以下几个学习的理念：

（一）学习是成功的要素

“知识就是力量。”英国政治家、哲学家、语言大师弗兰西斯·培根精辟地指出，知识乃是力量的源泉，打开幸福之门的钥匙，开发未知世界的镐锄。社会的发展，科技的兴盛，人类的进步，都源于知识的“威力”。一个人有了丰富的知识，才具备了强有力的基础；否则，强而无力，不堪一击。一个人想要成功，需要不断地战胜自己、超越自己，要做到这一点需要不断地开发自身的潜能，这就需要不断学习，从而不断进步。正如一句格言所说：生命之舟如果缺少知识的重载，就会摇晃不停。倘若你把知识当做自己的朋友，那么你比任何人都富有，因为你找到了真正的宝库，而且已把打开它的钥匙攥在了自己的手中。

“学而优则仕。”在古代，一个人想要跻身于上层社会，一般都必须经历读书、科举考试这条路，在那个时代，胸怀大志者要实现“治国平天下”的大业，都需要刻苦学习。在现代，每个人走向成功的基础不同，需要多方面的主客观条件，但毫无疑问，学习是其中非常重要的因素。一个人把握机遇的能力，应对机遇的知识素养、身心素养都需要通过学习获得。因此，学而优，学而进；不学则愚、则劣、则退。如果说成功是一个过程而不是结果，那么，这个过程也就是学习的过程。

一个人事业的成功与失败，一个人对社会的贡献，这一切都和各自对学习的认识和追求的程度相关，和他们的学习程度有关。古今中外，有名的科学家、政治家、军事家、企业家、教育家等无不是通过刻苦学习、反复研究、努力实践、坚持不懈而取得成功的。在创新和成功的道路上，没有捷径。因此，学习成功，是人生成功的第一步；学会学习，就是学会成功。

（二）学习是愉快的享受

在中国的文化中，有一些广为人知的劝学格言，如“书山有路勤为径，学海无涯苦作舟”，“头悬梁，锥刺股”等，都强调学习要下苦工夫。这样的观点对学习可以起到激励的作用，但是如果一味地强调苦，而不能让人在学习中体验到“乐”，学习者就会把学习当成一个苦差事，把学习和快乐对立起来，让学习成为一种负担，成为一种被动的行为，这样的状况下如何谈终身学习、享受学习？很多人的厌学就是这么来的。一位女孩，苦练钢琴 5 年，当她拿到钢琴 10 级的时候，长叹一声，我再也不想碰钢琴了！女孩在弹琴的过程中，一直体会到的是苦差，而忽略了享受音乐旋律的美妙和弹奏时的静谧与灵动。“学而时习之，不亦说乎”，如果能在学习的时候，得到愉快的享受，学习就会成为一件主动的事情，一件吸引人的事情，一件可以坚持并伴随终生的事情。

学习强调自主学习、创新学习，这说明现代学习在本质上应该是快乐的。学习者以一种自由的精神、自觉的态度、积极主动的姿态投入学习，在学习中获得愉悦的体验和无穷的乐趣，即使花很多的时间和精力，也不觉得辛苦，而是一种人生享受。同时，在自主、快乐的学习状态下，人的大脑易于兴奋，可以使学习效率大大提高。

“兴趣是最好的老师”，要做到快乐学习，首要的和最重要的是要培养学习兴趣，兴趣会使学习者产生积极的学习态度，推动他兴致勃勃地享受学习的过程。对于大学生，只有喜欢自己的专业，才会有求知的欲望，才会主动思考，积极学习相关知识，并通过逐步学习，让学习知识逐步加深，从而对其产生更加浓厚的兴趣。除了专业学习，还应该对生活、对社会保持一颗好奇心，通过学习去满足自己的好奇心，去享受探索过程的愉快感。所以，有了学习这样一件愉快的事情，我们的生命才会更加充满乐趣。

（三）人需要终身学习

终身学习，是给我们带来力量和智慧的好朋友。《生存学会——教育世界的今天和明天》一书中提到：“人不会变成一个完人，他的生存是一个无止境的完善过程和学习过程。人和其他动物的不同点主要是由于他的未完成性。事实上他必须从他的环境中不断地学习那些自然和本能所没有赋予它的生存技术。为了求生存和求发展，他不得不继续学习。”它讲的是在知识经济的时代，需要终身学习，否则知识就会老化，思想就会僵化，能力就会退化。

终身学习是指社会每个成员为适应社会发展和实现个体发展的需要，贯穿于人的一生的持续学习过程，即我们所常说的“活到老，学到老”或“学无止境”。无论是一个人、一个团体，还是一个民族、一个社会，只有不断学习，才能获得新知，增长才干，跟上时代。党的十六大报告强调：“要形成全民学习、终身学习的学习型社会，促进人的全面发展。”这从深度和广度上对学习提出更了高的要求。

终身学习观强调学习应贯穿人的一生。人类从诞生之日起，学习就成为整个人类及其每一个个体的一项基本活动。不学习，一个人就无法认识和改造自然，无法认识和适应社会；不学习，人类不可能达到今天的一切进步。人只有通过不断学习获得一生所需的知识、价值和技能，最大限度地发挥人的潜能，以应对未来快速多变的社会环境。

（四）学会学习是新时代的学习理念

中国现已进入“大众创业、万众创新”的新时代，时代对学习有了新的要求，大学生要从“知识学习”转变到“全面学习”“素质学习”，从传统的学习转变到“创新学习”。

现代学习观是一种全面学习观，强调学习要造就全面发展的人，也就是说，现代的学习应该是全面的学习，包括三方面的内涵。第一，德才兼备。既要学习科学文化与专业技术知识，又要学习“如何做人”，在“德”与“才”中，“德”排在首位。著名的史学家司马光对德才的关系有自己精辟的分析，他认为：“才者，德之资也；德者，才之帅也。”一个人的德行是他发挥才能的灵魂和方向所在。德行修养是一个贯穿人一生的过程，因此，“全面学习”首先强调的是在学习中德与才的统一。第二，博专统一。新时代要求的人才是“通才”和“专才”的结合。但是，在大学中，有相当一部分学生只重视自己的专业，而忽视其他的课程或活动，这样做的后果不仅会造成知识面的狭窄，最终还有可能影响自己的专业学习。我国地质科学家李四光，读书时博览群书，涉猎广泛，他先学造船，转而又学采矿，然后又攻地质学，精通英语、日语，懂得俄语、法语、德语，将力学分析法引入地质学中，独创了地质力学学科。大学生作为未来高级专门人才，首先要有广博的科学文化知识基础，在此基础上努力成为某领域的专门人才。第三，知识、能力与素质的统一。传统教育观重视知识的学习，但是知识的多少并不和能力的大小、素质的高低画上等号，知识需要在运用中转化为人的能力，同时需要不断内化，形成一种稳定的、基本的、内在的品质，转化为人的素质。现代社会，能力与素质比学历更为重要。每个大学生都不想被评价为“高分低能”，因此，在学习中定要将知识学习、能力培养和素质提高结合起来。

创新学习的概念于 1979 年出现在由杰姆斯等人所著的《学无止境》一书中，它是针对全球出现的环境问题、能源危机等提出来的。创新学习是能够引起思维变化、更新、改组和形成一系列问题的学习，它的主要特点是综合，适用于开放的环境、系统及更宽广的范围。针对我国教育现状及教育改革的要求，在今天提出创新学习更有它新的内涵。大学生是未来具有创新精神的高级专门人才，因此，大学生在学习中要不断激发自己的创新意识，不轻信、不盲从，敢于突破思维定式。

总之，学习是一种使你更快乐、生活质量更高、更有自尊、对社会贡献更大的一种素质提高过程，大学生四年的学习非常关键，这可能是你一生中最后一次系统地接受教育的时期，也可能是最后一次全新地建立自己知识基础的时期，还可能是你最后一次可以拥有较高可塑性、集中精力充实自我的成长历程。认真把握大学四年的学习机会，它会对大学生的人生发展产生深远的影响。

拓展资源

学习之我见

你心中的学习是怎样的？学习是不得已的吗，是乏味的吗，是无奈的吗，是父母强迫的吗？还是“前途”，是“爱好”或者自觉的行动？每个人对学习的诠释可以不同，但以下几点值得你去思考和认清。

（1）学习是否可以帮助你成为有知识，有文化的人？

（2）学习是否可以让你变得更加智慧？

（3）学习是否可以使你成为对国家、社会更有用的人？

（4）学习是否可以帮你理解和解决很多困惑？

（5）学习是否可以帮助你拓宽视野，了解世界？

（6）学习是否可以使你得到不断地发展？

（7）学习是否可以充实你的精神生活？

……

二、实践出真知

人非生而知之，要求得知识，一靠学习，二靠实践。离开了实践，学习也就成了无源之水，无根之树。懂得书本知识，有了理论，不付诸实践，理论也就成了装潢门面的东西。

（一）边学边做的评述

“纸上得来终觉浅，绝知此事要躬行。”论实践的重要性可以追溯到中国古代，孔子认为，“吾始于人也，听其言而信其行”，强调道德修养要落实到“行”，要言行一致，以行检言。荀子认为：“不闻不若闻之，闻之不若见之，见之不若知之，知之不若行为。”明确肯定了行的重要性。朱熹提出“知行常相须”，认为知行关系相互联系又相互促进，具有双重意义，论其地位，行重于知；论其进程，先知后行，行为知之目的。近代教育家蔡元培也提出“好学力行”的观点。古往今来，哪个成才的人没有经过实践。大学生社会实践主要是指在校大学生以社会为课堂，由高等学校和社会有关单位对在校大学生共同组织实施的融思想政治教育、专业教育、素质拓展和社会服务于一体的教育实践活动。大学生社会实践经过二十余年的发展，已经成为课堂教育的补充和延伸，是大学生成长成才的必由之路。

1. 实践活动是大学生思想道德品德形成和发展的决定性因素

任何一种道德品质都包含认知、情感、意志和行为四个基本要素，构成个人的道德品质不仅需要他认识到，而且必须要和他的情感相结合，并通过意志中介而见之于行动。思想道德不单单是认识或心理问题，更重要的是实践问题。

实践活动对大学生道德品德的形成和发展起决定性作用。首先，实践活动有助于青年学生加深对理论的理解，形成正确的价值取向。大学生因为缺乏实践经验，在具体—抽象—具体的思维链条上，具体这一环节常常残缺不全，或片面，或肤浅，从而导致整个思想的缺陷。参与实践活动，他们可以用丰富的感性材料来充实思维的链条，加深对课堂所学理论的理解，进而在理性上得到改善和升华。其次，情感体验也是构成品德的重要因素，也是行动的动力之一。大学生必须在社会实践中经过多次尝试，亲身感受和证明某一认识的正确性，才能产生情感和信念。再次，实践是意志形成的关键。意志是人的行为心理机制具有决定意义的环节，是行为者使自己的动机、目的付诸实践而自觉努力的心理状态。大学生正处于身心全面发展的关键时期，身心的剧变、情感的波动、复杂的心理矛盾的增加需要增强意志的控制能力，一个人意志由脆弱到坚强必须通过实践活动的具体化、对象化过程，在成功和失败的磨炼中得以实现。大学生只有深入实践，了解社会，增加使命感和责任感，才会形成正确的世界观、人生观和价值观，才能发展和完善人格。

2. 在实践活动中可以实现大学生与时俱进、全面发展

中共中央国务院《关于进一步加强和改进大学生思想政治教育的意见》中指出：

“积极探索和建立社会实践与专业学习相结合，与服务社会相结合，与勤工助学相结合、与择业就业相结合、与创新创业相结合的管理体制。”这是因为只有容身社会实践，才能与专业学习、勤工助学、择业就业、创新创业等深度融合，才能把解决学生的思想问题和实际问题结合起来，把“做人”和“做事”结合起来。实践出真知，实践长才干，在当代社会日益严峻的就业和求职的压力下，大学生已经开始意识到，没有一定的岗位胜任能力和社会适应能力，就会使自己在职场竞争中处于十分不利的地位。社会实践是加速学生社会化进程的重要途径，大学生年龄一般在18～23岁，正处于生理上基本成熟、心理上加速发展的阶段。一方面，他们具备了较强的思维能力和从事复杂工作的能力；另一方面，他们对社会生活缺乏实际经验，对社会现实缺乏了解，同时，他们的世界观、人生观和价值观正处于形成时期，思想方法过于简单，考虑问题不全面，而社会实践刚好提供了这样的一个学习机会，让他们可以用眼睛去观察，用耳朵去倾听，用双手去实践，用大脑去思考、用心灵去感知，使其在丰富的现实生活中去了解社会、认识社会、体验生活，从而加速其成长的社会化进程。

通过参加社会实践，大学生不仅可以全面提高语言表达能力、社会交往能力、信息收集与处理能力、协调组织能力等基本素质，还可以提高自己的人文素质、职业素质和创新素质，让自己在各个方面全面发展。

3. 实践活动中培养合作精神，提高竞争实力

大学生参加实践的过程，其本质上是与社会互动的过程，而且往往以团队合作的方式开展。在人的成长过程中，有一条基本的规律，就是必须处理好个人与集体的关系，个人的充分发展只有在集体中才能实现。在团队实践中，一个团队往往拥有一个共同的目标和任务，每个人必须发挥自己的作用，才能达成目标，只有集体目标实现，个体目标才能最终实现。活动整体性的特点是使每个成员都具有责任感，每个成员都必须正确地处理全局和局部、自己和集体的关系。

大学生社会实践活动，是培养学生分析问题和解决问题的重要途径，通过团队合作，既培养了学生的团队合作精神、锻炼了社会活动能力和人际关系处理能力，也提供了他们适应未来的机会，提高了他们未来的就业竞争力。

（二）大学生参加社会实践的主要类型

因为社会实践的重要性，大多数高校都非常重视和支持大学生的社会实践，通过各种途径为大学生提供社会实践的机会，作为当代大学生，应该把握机会，积极投身于实践工作中。了解和掌握参加社会实践的途径，将有利于大学生去选择和参与其中。一般来讲，社会实践被分为两大类。一类是与教学工作联系紧密的实践活动，如专业实习、军事训练等，这一类实践由学校教务部门组织，通常安排在第一课堂；另一类是与学生工作联系紧密的社会实践，如社会调查、勤工俭学、志愿服务、科技服务、挂职锻炼等。此类活动一般安排在第二课堂，由学生处、团委组织。如果把社会实践作为一门大课来看，那么这门大课至少包含以下八个部分。

1. 专业实习

大学生在专业学习过程中，不仅需要系统的理论知识，更需要“实战”操作锻炼。专业实习是大学生的必修课，也是高校实践教学体系的重要组成部分。一般说来，高校的实践教学主要由两部分组成：一是校内实践教学，即实验（实训课）；二是课外实践教学，即实习课。可见，专业实习也就是大学生的校外实践课。它一般安排在与学生所对学专业对口的单位及相关岗位，是对学生的专业素质的全面检验、考察和培养。对于提高大学生的知识应用能力、动手能力、科技创新能力、岗位适应能力、职业素质等有着重要的作用。

2. 生产劳动

生产劳动与专业实习不同的是，生产劳动需要付出体力和汗水，事实证明，如果只是让学生关起门来读书，不参加生产劳动，不了解工人、农民是怎样辛勤劳动创造社会财富的，不培养对劳动人民的感情，是不利于大学生健康成长和全面发展的。大学生适当地参加体力型生产劳动，不仅可以养成艰苦奋斗、勤俭节约、爱护劳动成果的良好品德，还可以深切体验和体会工人和农民的生活状况，从而自觉培养与工农大众的深厚感情，树立为工农大众谋福利的理想和信念。

3. 军事训练

军事训练是以“学军”为主要内容的社会实践活动，通过“真刀真枪”的实战训练，体验军人的生活、情感和追求，从而树立热爱祖国、保卫祖国的思想情感。军事训练是大学生活的第一课，更是大学生的必修课。

兵役法第8条规定：“高等院校的学生在就学期间，必须接受基本军事训练。”学生参与军事训练是履行兵役义务的一种基本形式，这是法律赋予在校学生的一项保卫祖国的光荣使命，又是履行兵役义务、依法服预备役的一种形式。因此，积极参加军训，圆满完成训练任务，是每个参训学生自觉履行兵役义务的最实际的行动。通过军训，不仅可以磨炼意志，增强斗志，培养组织纪律性，同时也拓宽了知识，增强了体魄，促进了专业学习。所以说，学生参加军事训练，是实现德、智、体全面发展，造就国家经济和国防现代化建设优秀人才的重要途径。

4. 社会调查

社会调查，是指应用科学的社会调查与研究方法，围绕一定的社会问题，对特定的社会现象进行实地考察，了解其发生的各种原因和相关联系，从而提出解决社会问题对策的活动。学生在社会调查中，通过开展座谈、访谈、设计和发放调查问卷、实地考察参观等活动不仅开阔了自己的视野和眼界，扩大了社会见闻和见识，增强了问题意识，还了解了社会生活的丰富性和复杂性，提高了调查研究能力、分析解决问题的能力和团结协作的能力，增强了社会责任感和使命感，进一步坚定了回报社会决心。

5. 勤工俭学

勤工俭学是学生利用假期或课余时间进行有偿劳动，以取得一定的经济收益，来补充自己的学习、生活费用，改善自己的学习、生活条件的一种社会实践活动。参加勤工俭学活动，不仅可以让学生在社会服务中获得经济报酬，减轻家庭负担，改善自己的生活学习条件，还可以让学生接触社会，把所学理论付诸实践，在实践中认识社会，增加社会经验，培养工作能力，积累工作经验，充实课余生活，明白取得劳动报酬的不易与艰辛。因此，勤工俭学活动对于学生自己、家庭和社会都是非常有利的事。

6. 科技服务

科技服务是大学生在指导老师的带领下，参与科技咨询、科技项目开发等科技服务活动，用科技知识或创新成果服务于社会的一种社会实践形式。科技服务活动可以极大地提升学生创新活动的针对性和吸引力，有效避免了“为创新而创新”的误区，把学生的目光引向科技发展最前沿，有利于激发学生的创新热情与动力，调动创新积极性和主动性。比如目前在“挑战杯”全国大学生课外学术科技作品竞赛的带动下，在学校经费支持和老师参与指导力度的不断加大下，学生有了更多的机会和更高的平台去发挥自己，呈现出创新团队加速组建、创新成果大量涌现的发展态势。

7. 志愿服务

志愿服务泛指志愿者利用自己的时间、自己的技能、自己的资源及自己的善心为邻居、社区、社会提供非营性利、无偿、非职业化援助的行为。在香港地区，志愿者被称为“义工”，志愿者行动也叫义务工作，被定义为：任何人志愿贡献个人的时间及精神，在不为任何物质报酬的情况下，为改进社会而提供的服务。志愿服务活动倡导和弘扬伟大的志愿精神，这种精神不仅具有世界性意义，而且具有人类共同价值。

志愿服务是大学生社会实践活动的重要形式。无论是“三下乡”主题社会实践活动，还是“四进社区”主题实践活动等实质上都是志愿服务活动。通过开展志愿服务活动，大学生走出校门，服务社会、奉献社会，努力践行志愿精神，不仅培养了大学生的“爱心”“责任心”，也极大地增强了大学生的社会责任感和历史使命感。

8. 挂职锻炼

挂职锻炼是近年来新兴的一种大学生社会实践形式，主要是指大学生利用课余时间到一定的社会工作岗位上担任一定的职务，接受实际的工作锻炼。与勤工助学相比，它是无偿的；与专业实习相比，它不局限于专业素质的培养，更加突出综合素质的培养与锻炼。挂职也是地校合作的方式之一。一方面，地方利用高校充足的人才资源，为基层工作的开展提供有力的人力支撑；另一方为基层基础工作的开展提供平台，为学生创造接触社会、融入社会、改造社会的工作机会，让学生更多地为群众、为社会做实事、办好事、解难事，全面提高大学生奉献社会的能力与本领。挂职锻炼是对学生综合素质的检验和培养，对于提高大学生分析解决问题、岗位适应能力、人际交往能力、心理调适能力，以及培养他们的工作责任心、社会责任感都有着重要的推动作用，是大学生参加工作前十分难得的实践锻炼机会。

2009 年 6 月，某高校学生小月进社区担任为期一年的街道办事处主任助理、社区团支部副书记、居委会主任助理等职务，深入社区管理服务一线，参与和谐社区建设工作。设立大学生社会实践工作室、社区志愿者服务中心，开展入户走访、寒暑期义务辅导班、志愿服务进社区、文体活动等社会实践活动。小月称，挂职锻炼的平台，可以磨炼自我，增长才干，提升社区服务水平。她说“社区挂职锻炼增长了许多社会知识，学到了书本上没有的知识。在这里我真正体会到了‘为人民服务’的内涵”。

“吾尝终日不食，终夜不寝，以思，无益，不如学也。”一个人整夜不食不寝去思考钻研一个问题，不如亲自去学习研究。实践是每个人生命历程的必经之路。

拓展资源

毕业生小琳的故事

应用物理专业的小琳从小有两个梦想——读万卷书和行万里路，小琳说这是因为书可以让她超越时间的束缚，旅行则可以让她冲破空间的束缚。

毕业时，小琳获得直接攻读博士学位推免生的机会，这也是小琳厚积薄发的结果。除了课堂内外的专业学习，小琳开玩笑说大学是泡脚时泡出来的。大二大三时因为风湿，小琳每天都要用很热的水泡膝盖半个多小时，小琳就边泡腿边看有关宇宙的科普影像，比如《优雅的宇宙》《霍金的宇宙》之类的，还有麻省理工学院的力学、电磁学公开课等，在面试时被问到的一些相关问题，都是课内没学过的，大多都是小琳自己每天利用这半小时自学到的。

如同许多优秀同学一样，小琳大学期间也参加各种社团活动、学生组织，除此之外，一直用自己的能力去实现行万里路的愿望，大学期间不仅走遍了祖国大江南北，更游历了泰国、越南、马来西亚等国，以及欧洲许多国家。小琳的出国旅行，得到了各国沙发客的帮助，为了回报，小琳也接待沙发客，带他们游览成都美景，给他们讲述中国文化。在和不同国家不同沙发客的交流中，小琳的英语口语在不知不觉中不断提升。而一段段独自旅行的考验和困难，也锻炼了小琳对未知事物的承受能力和面对突发事件的冷静心态。比如在圣彼得堡误飞机同时当天签证过期、在越南唯一一张银行卡在周末他们不上班的时候被吞等，在独自处理这些棘手问题后，小琳越来越淡定、成熟。

毕业时的小琳相信任何事情都是可以解决的。小琳也称是旅行让她对人生的态度更加豁达和乐观，更能体会人间冷暖，更懂得感恩，更加珍惜自己拥有的一切。

第二节　在家庭生活中提升生命价值

家庭是每个人人生的幸福港湾，和睦的家庭有利于孩子健康成长、父母事业成功，让我们感受到人生的幸福。家庭建设是国家建设、社会建设的基石，是民族文化道德传承的重要基础，是社会和谐发展的稳定器。如何通过发扬家庭美德，通过爱自己、爱家庭延伸到爱社会、爱人类，是每个大学生都应该去关注的问题。因此，正确地认识和了解自己在家里的角色及应该担当的责任，可以帮助我们从家庭中获得滋养和能量，可以帮助我们从家庭中获得生命价值的提升。

一、百善孝为先

拓展资源

小月的苦恼

小月因为与同学、恋人无法好好相处而走进心理咨询室。小月对父亲一直充满愤怒。小时父母争吵、离婚，小月随父亲生活。父亲做生意，常常不在家，但对小月花钱从不吝啬。母亲收入不多，小月也不愿意与母亲多接触，她的原话是："妈妈养不起我。"小月曾就读重点中学，成绩日益下降，勉强考上大学，父亲为小月选择还不错的专业，但小月不喜欢，两人争吵无果，因为父亲坚持送小月上大学。小月的应对就是不好好学习，天天享受生活，花钱大手大脚。问及小月未来的考虑，小月说："我现在的一切都是父亲造成的，我的未来他来管！"

在当今大学生中，小月这样的同学确实不少，也许父母在其成长过程中因各种原因没有尽到照顾责任，也可能对小月般的同学造成过伤害，那是否我们逐渐长大的时候就要一直抱着对父母的愤怒生活？甚至向父母无尽索取？

在现实生活中，还存在一些现象，大学生们不能正确理解父母，不懂得孝敬关心父母，对父母的养育之恩不但不予以感激，反而常常抱怨父母没有本事，只知道向父母索取，甚至做出伤害父母的行为。例如，某名牌大学生研究生，平时不联系家里，一打电话就是要钱。为了买房子和女朋友同居，他不顾家里生意赔本，张嘴就要 30 万元，父亲借了高利贷给他，几个月后他又要钱，父亲拿不出，他一拳砸在桌子上，说要脱离父子关系。这位疼爱儿子几十年的老父亲当场就哭了。虽然这个例子有些极端，但现实中确实存在。

曾经看过一份资料：大学思修课上，教授带着一沓问卷走进教室，微笑着对学生们说："上课前，我们先来做一项问卷调查。"话音刚落，教室里响起了轻微的议论声，大家都很好奇，也很期待。

问卷发下来，只有两道题。第一题：他很爱她。她细细的瓜子脸，弯弯的娥眉，面色白皙，美丽动人。可是有一天，她不幸遇上了车祸，痊愈后，脸上留下了几道大大的丑陋的疤痕。你觉得，他会一如既往地爱她吗？第二题：她很爱他。他是商界的精英，儒雅沉稳，敢打敢拼。忽然有一天，他破产了。你觉得她还会像以前一样爱他吗？

一会儿，问卷收上来后，教授一统计，发现：第一题有 10%的同学选“A．她一定会”，10%的选“B．她一定不会”，80%的人选“C．她可能会”。第二题，30%的同学选了 A，30%的人选了 B，40%的人选了 C。

“看来，美女毁容比男人破产，更让人不能容忍啊，”教授笑了，“做这两题时，潜意识里，你们是不是把他和她当成了恋人关系？”“是啊。”学生回答得很整齐。

“可是，题目本身并没有说他和她是恋人关系啊？”教授似有深意地看着大家，“现在，我们来假设一下，如果，第一题中的‘他’是‘她’父亲，第二题中的‘她’是‘他’的母亲。让你把这两题重新做一遍，你还会坚持原来的选择吗？”

问卷再次发到同学的手中，教室里突然变得非常宁静，几分钟后，问卷收了上来，教授再一统计，两道题，学生们 100%地选了 A。

教授的语调深沉而动情：“这个世界上，有一种爱，亘古绵长，无私无求：不因季节更替，不因名利浮沉，这就是父母的爱！”

教授的话道出一个众所周知的事实：全世界绝大多数的父母对待子女之心始终如一。从孩子呱呱落地开始，父母就把自己的全部爱、希望等都投在了孩子身上，此后，为了孩子的健康成长，父母们付出所有。作为子女的我们，还有什么理由不去孝敬他们、感恩他们？更何况血肉相连、筋骨难断。

“百善孝为先”，孝是中华传统文化提倡的行为，孝的一般表现为孝顺、孝敬等。孝顺指为了回报父母的养育，而对父母权威的肯定，从而遵从父母的指点和命令，按照父母的意愿行事。儒家《孝经》开宗明义：“身体发肤，受之父母，不敢毁伤，孝之始也；立身行道，扬名于后世，以显父母，孝之终也。”可见，中华文化孝的观念不只是孝顺父母而已，孝顺父母只是孝道的开始。

（一）孝道三境界

不少大学生会说，我会孝顺父母的，我也常常给他们打电话，生日什么的也会买礼物给父母。须谨记，孝也并不像我们认为的那么简单，并不是常回去看看拿点赡养费买点东西尽尽心就可以胡乱搪塞的。真正的孝有三种境界：一是养父母之身，这个属于物质层面，是基础的基础；二是怡父母之心，承欢父母膝下，和颜悦色，博父母欢心，开解父母胸中愁烦，使父母保持精神愉快，这个属于精神层面；三是行父母之志，牢记父母教诲，发扬父母德业，实现父母志愿和期望，弥补父母不足，不懈努力，完善自身，以求报效社会国家，这是事业层面。这三个方面融会贯通、并行不悖，才是真正意义上的孝道精神之所在。

（二）尽孝需及时

现实生活常常听到这样的诉说，不少人为了理想、梦想到异乡努力奋斗拼搏的时候，其父母与世长辞。即使以后他们获得了成功，实现了自己的梦想，父母已不在，孝心无法尽，只余一生的遗憾。何庆良在其《孝心不能等待》一书中就诉说了失去父母者内心深沉的哀悼，“树欲静而风不止，子欲养而亲不待”，古人尚且知道孝心不能等待，那为什么现在的我们还要等到将来尽孝，而不是及时尽孝呢？

可是，有多少人一生都不曾深刻理解尽孝的内涵，太多人总是脚步匆匆，忙忙碌碌，有多少人又总是在给自己找借口，总是想着，等我学习不忙了，等我有工作了，等我有钱了，等我有房了，我就好好侍奉父母，让他们好好享受剩余的时光。我们是可以等，可是，父母却在岁月中逐渐老去，比尔•盖茨曾说过：“在这个世界上，什么事情都可以等待，只有孝顺是不能等待的。”

有人可能会问，如何及时尽孝？是不是一定要放弃自己的梦想，放弃现有的学习，只在家侍奉双亲。其实不然，即使远在千里，我们也能尽孝。闲暇时，可以给父母打打电话，聊聊天，告诉他们你的生活近况，让他们放心、安心。曾经在电视荧幕上有过这样一段感人的广告：小男孩吃力地端着一盆水，天真地对妈妈说：“妈妈，洗脚。”这段广告动人的原因不是因为演员当红，创意新颖，而是因为它感人心腑。感恩父母，哪怕是微不足道的一件事，只要能让他们感到欣慰，这就足够。其实，尽孝不一定要在身边，但一定要尽心。当父母难以动身时的一个代步，在他们口渴时候的一杯茶水，在他们寂寞时候的一个电话，或在他们生病时候的一个问候，感恩需要用心去体会，去报答。学会感恩就是，对生活真谛的感悟。

二、夫妻关系是家庭里最重要的关系

热恋中的女友经常都会问男友：“你妈和我掉河里，你先救谁？”或者是，在有小孩时，吃醋地表达：“女儿才是你的小棉袄，小情人。”可见，家庭里有着很多复杂的关系，那到底在家里，什么关系才是最重要的？家庭中居第一位的，不是亲子关系，而是“夫妻关系”！夫妻关系是“家庭的定海神针”，在“三世同堂”的家庭中，如果夫妻关系是家庭的核心，拥有第一发言权，那么这个家就会稳如磐石。只有当丈夫是一个真正男人，并且维持一个真正男人的身份时，才会保持对妻子的吸引力；同样，只有当妻子是一个真正女人，并且维持一个真正女人的身份时，才会保持对丈夫的吸引力。他们在一起彼此互补，使自己完整的同时也使对方完整，从而让相互付出和接受达到平衡。

婚姻关系中，“长期共存”是家庭生活的一种常态，更是一种目标。夫妻双方从两个互不相识的陌生人，有着不一样的家庭环境、成长经历、性格特点，通过相识、相知、相爱形成亲密关系，走到一起组建家庭，要做到长期共存，不仅需要有爱的基础、彼此的信任和扶持尊重，还需要夫妻双方的共同成长，不断学习、发展自己，跟上对方的前进步伐，这样才能同享生活的乐趣，不断加深感情。

婚姻中的“互相监督”从积极意义上看是保证婚姻关系稳定的一个前提。有人说：“伴侣是最可贵的镜子”，拥有亲密关系的两个人在信任、尊重、了解的基础上，相互监督、共同成长，既是自我认识和自我觉察的最佳机会，又能让彼此成为“更理想”和“更完整”的人。有时候，长期生活在一起的夫妻会慢慢形成“夫妻脸”，甚至还会有“夫妻病”，从这个意义上看，配偶可以说是对方健康管理的第一督促者。

夫妻关系中“肝胆相照”的忠诚是婚姻这座大厦的顶梁柱。当一对相爱的男女携手走入婚姻的殿堂时，他们许下相互忠实、互相尊重的诺言。对于夫妻任何一方来说，忠实于配偶都是自然而然的一件事。夫妻相互忠诚、互相尊重、共担责任既是稳定婚姻家庭的基础，也可以为孩子提供好的榜样与成长环境，更加有利于社会的和谐和稳定。

夫妻间的“荣辱与共”可以更多地理解为“同甘共苦”，即共同享受幸福，共同担当艰苦。生活不可能永远一帆风顺，婚姻给予彼此相互支撑、相互协作对抗困难的勇气和力量。俗话说得好：“一个成功的男人背后，一定有一个伟大的女人。”男人的拼搏背后有女人的支持鼓励。同样，“女人的优雅，离不开男人的宽容”，男人的呵护包容成就了女人的优雅气质。也许也有“夫妻本是同林鸟，大难临头各自飞”的现实，也存在面对变故后的选择与应对，但我们所知道的是真正主宰家庭关系与婚姻命运的，是双方的情感和坚定的内心。只有两个人同舟同济，就会踏过泥泞感受幸福。

三、父母应给予孩子足够的爱

孩子是父母生命的延续，是父母最真实的镜子，潜移默化中，父母的很多特点在孩子身上都得到了再现。有人说“孩子是父母最大的事业”，培养一个优秀的孩子，是一个家庭的核心任务，更是关系到社会的稳定、民族的兴旺和国家的前途。

提到为人父母，大学生们一定会觉得该话题实在遥远，但是你们有没有想过，再过几年或更长一些时间，你们即将成为年轻的爸爸妈妈，担负抚育和教育子女健康成长、成才的重任。正确地抚育孩子不仅要讲究方式方法，还要重视两个关键期。

第一个关键期，把握“共生期”，给予孩子足够的陪伴与爱。苏联教育家苏霍姆林斯基说过一句话：“母爱不应建立在抽象的理性认识上，而应建立在情感基础之上。”对父母来说，在一切养儿育女的目的中，没有比和孩子在一起本身更重要的目的！一切出于功利的或“教育”的目标牺牲和孩子相处的行为都是得不偿失的，儿童和世界的第一个联结通道是由母亲建立的。母乳喂养、肌肤相亲、一言一语、一歌一笑等，都是在打通和拓宽这个通道，幼年的孩子如果缺失了丰富的语言交流和母爱的温暖，正常的生命潜能就有可能无法被激活。亲密母子关系是亲密父子关系的前提，孩子与父母间亲子关系的质量，又决定了孩子未来与整个世界的相处质量。很多年轻父母认为给孩子最好的爱就是，为孩子提供优质的生活条件，这是孩子最需要的，于是为了工作、事业，很多父母把孩子留在家里，自己在外奋斗，或者把孩子交给老人或他人抚养，有些家长甚至认为，带孩子太费时间，和自己的工作、成长相冲突，就很少抽出时间陪伴孩子。当我们说要给孩子最好的资源和环境时，有没有问过孩子真正的需求，生孩子不是为了传宗接代，也不是一时好玩，“生”孩子只要 10 个月，但是“教养”孩子是一个严肃的问题。作为父母，除了要给孩子提供好的资源和环境，也需要给孩子足够的陪伴，有更多的互动时间。孩子的童年无法重来，父母千万不能因为忙碌把孩子交给他人抚养，因为在孩子的成长过程中，任何人都无法取代“父母”这个重要的角色。事业可以等，孩子不能等，有些东西错过了可以重来，而有些东西错过了很难重来。

第二个关键期，接纳“分离期”，给予孩子足够的自由和空间。台湾地区作家龙应台《目送》中有这样一段话，“我慢慢地、慢慢地了解到，所谓父母子女一场，只不过是意味着，你和他的缘分就是今生今世不断地在目送他的背影渐行渐远。你站在小路的这一端，看着他逐渐消失在小路转弯的地方，而且，他用背影默默地告诉你，不用追”。世上的爱都是以聚合为目的的，爱他，所以要和他在一起。唯有父母对孩子的爱，是以分离为目的的。爱他，就给他自由，让他独立。在生命之旅中，我们的上半程没有孩子与之同行；孩子的下半程，我们也不可能与之共度。无论我们和孩子彼此多么相爱，都无法一路相伴，总归，他的旅程只能他自己去走。为人父母，能为孩子做的，只是给他无条件的接纳，对他坚定不移的支持，让孩子时刻有被爱的感觉，与其分享我们的人生经历和一些建议，帮他建立起照顾自己人生的能力，最终成就他自己。青春期的时候，孩子的身体和心理都发生了巨大的变化，他们会觉得自己即将长大成人，在心理上有强烈的成人感，所以也希望能够被当做成人看待，这个时候，你与孩子的相处模式也该随着孩子的成长而有所改变，再也不能把孩子当做长不大的孩子了，而是需要逐渐地和孩子分离，尊重孩子的隐私，给予孩子足够的空间，放手让孩子去成长。“控制”“限制”孩子的行为都是在以爱的名义，替子女选择本不属于他们的人生，这看上去是爱，其实是伤害。

同时，在孩子成长的过程中，父母如果想让孩子和自己的家庭甚至家族持续发展，想让孩子有一个幸福的人生，还需要帮助孩子形成健康的生活理念和生活方式、健康的价值观、利于个人成长的人格特质、做最好自己的坚定信念、健康的人际交往态度、能力，以及要利于他人、服务社会的公民意识。

让我们各自成为未来“最好的父母”!

第三节　在社会发展中提升生命价值

大学生最终要回归社会，在对社会的奉献中实现自己的人生价值。这就需要大学生在社会发展中根据自己的兴趣、特点，将自己定位在最能发挥自己长处的位置，选择或创造最适合自己的事业。因此，大学生在毕业后选择的工作、对职业生涯的规划等是否有利于发挥自己的长处和潜能，对其一生都有着重要的影响。这可以使我们确定人生的方向，塑造全新的自我，增加个人的价值，发现成长的机遇，协调个人、事业与家庭的关系，实现人生意义的极致和最大化。

一、领悟职业规划人生

生活总是偏爱那些有准备的人，职业在人的一生中占有非常重要的地位。如果以人的寿命是 80 岁来计算的话，职业将占据人生二分之一的时间，不仅如此，它还在很大程度上影响着个人的生活质量、幸福指数，以及整个家庭乃至社会的稳定。对于大学生来讲，大学阶段是职业生涯的准备期，在大学四年里，大学生不仅需要学习专业知识技能，提升各方面的能力与素养，还需要提高职业规划意识，明确生涯规划的步骤，并在实践中不断调整自我，做出良好的规划，从而帮助自己实现人生目标。

（一）职业发展贯穿人生的全程

子曰：“吾不有五而志于学，三十而立，四十而不惑，五十而知天命，六十而耳顺，七十而从心所欲，不逾矩。”由此可知，两千多年前，孔子已经在开始关注个人的职业生涯道路了。那么，到底什么是职业生涯？

生涯，在古希腊语中蕴含了竞赛的精神，后引申为道路，即人一生发展的道路，也指人或事物所经历的途径，或者指个人一生中所扮演的系列角色与职位。学者舒伯把生涯定义为：一个人终生所经历的所有职位的历程。它是各种职业和生活的角色，由个人对工作的献身而表现出独特的自我发展形式。它也是人自青春期以至退休后，一连串有酬和无酬的职位的综合；除了职位，还包括任何与工作有关的角色，如学生、受雇者及领退休金者，甚至包括副业、家庭、公民角色。生涯以人为中心，只有在个人寻求它的时候，它才存在。

我国学者认为，生涯有广义和狭义之分，广义的生涯即人生的发展道路，可指任何事物所经历的途径，也可指个人一生的发展过程，还可指个人一生中扮演的系列角色。狭义的生涯指与个人终身从事工作或职业等有关的活动。所以，生涯可以理解为介于“生命”和“职业”之间的概念，它的外延可以大到个体一生的经历，与“生命”等同，也可以小到与“职业”等义。

职业生涯规划指在个人发展与组织发展相结合的基础上，个人通过对职业生涯的主观因素和客观因素的分析、总结和测定，确定一个人的奋斗目标，并为实现这一职业目标而预先进行职业生涯发展系统安排的活动或过程。职业生涯规划是一个过程，规划的作用在于为我们的职业生涯设定目标，尽快实现自己的个人价值和社会价值，最大限度地实现个人的成功。

大学阶段是职业生涯规划的重要阶段，大学生的职业生涯规划是大学生在大学学习期间需要进行系统的职业生涯规划的过程，它包括大学期间的学习规划、职业规划、爱情规划和生活规划等。它的意义在于个人在成功过程中不再是等待机会，而是主动争取机遇。职业生涯规划的核心意义就是：“找我喜欢的职业，争取得到这份工作，获得岗位上的长期发展。”职业生涯规划的有无及规划的好坏将会影响到大学生的学习生活质量，最终影响到求职就业的成败。

（二）领悟职业寻找生命的支点

对于大学生而言，走向社会之前，将现实环境和长远规划相结合，给自己的职业生涯一个清晰的定位，是求职就业的必修课，是迈向成功的第一步。因此，大学生做好职业生涯规划对于大学生实现自己的人生价值，对于一生的幸福和满足都具有特别重要的意义，具体体现在以下几个方面。

1. 职业生涯规划增进自我的了解

“世界上没有两片相同的叶子”，更没有两个相同的人，每个人都是独一无二的个体，对自己有充分的认识才能更好地创造机会去实现自己的理想。职业生涯的第一个步骤就是要进行自我探索。通过自我探索可以使大学生认识到自己的兴趣、能力、价值观等个性特点，挖掘现有和潜在的优势，对自己的综合优势和劣势进行对比分析，从而可以明确自己想干什么、能干什么、适合干什么、应该干什么，然后可以针对性地为自己树立明确的职业发展目标和职业理想，并客观地评估目标与现实之间的距离，不断增强自己的职业能力，实现职业目标与理想。

2. 职业生涯规划有利于引导个人发挥潜能

为自己制订一个合理的职业生涯规划既可以帮助你正确认识自身的个性特征、现有的资源优势和潜在的发展潜力，又能让你对自己的职业价值进行准确定位。这就使你在树立明确的职业发展目标之时，探索自己如何运用科学的方法来采取可行的步骤与措施，不断增强你的职业竞争力，实现自己的职业目标与理想。例如，一位同学在昨晚职业生涯规划之后，对自己的职业能力有了更明确、更客观的认识，也充分认识到了自身的差距与不足，尤其是自身现有的能力与理想职业之间的差距。他就能够从自身的实际出发来提高职业能力，增强职业竞争力。

3. 职业生涯规划可以提高人生发展的计划性和目的性

“凡事预则立，不预则废。”切实可行的计划是成功的开始，如果一个人对自己的职业生涯毫无规划，没有明确而具体的目标，结果便无成功可言。大学时代，是一个人发展的黄金时期，在这段时期里，如果能制订一份适合自己的职业生涯规划，可以帮助学生明确人生的奋斗目标，就能使自我的发展更加有计划性和条理性，而不至于随波逐流，浪费青春。同时，合理、明确的职业生涯规划会使人更有责任感和使命感，促使个人严格履行职业生涯规划，逐步走向成功。

4. 职业生涯规划实现个人价值

美国人本主义心理学家马斯洛将人的需要由低到高划分为五个层次：生理需要、安全需要、爱与归属的需要、尊重的需要和自我实现的需要。在低层次的需要满足之后，个体就会追求更高层次需要的满足。在现实生活中，大学生的职业生涯规划，不只是满足温饱的问题，还需要获得别人的赞赏、尊重，获得地位、荣耀，实现人生价值。进行生涯规划的最终目标就是个体的自我实现。

拓展资源

赢在起跑线

小李是某医学院的一名法医专业的学生，他在入学后，发现法医并不是他理想的专业，他似乎对法律更感兴趣，经过一段时间的困扰和迷茫之后，他根据自己的能力、兴趣和资源做了分析和整合，觉得自己可以利用法医学的专业知识去考公务员，因此，他在学校努力学习专业的法医学基础知识，还修了法律专业的第二学位，并且利用假期等时间去检察院、法院进行社会实践，等到快毕业的时候，别人都在考虑自己的路怎么走的时候，小李心中已经有了一盘棋，不慌不忙地准备公务员考试。由于前面几年打下的坚实基础，小李在公务员考试时中一举成功。

这个案例说明了“凡事预则立，不预则废”。早日做好人生规划，就能使自己不迷失在未来的漩涡之中。同时，这个案例说明了，就算是选择了不太喜欢的专业，同样可以结合自己的爱好，整合自己的特长，合理规划，实现理想的目标。

（三）生涯规划让生命不再荒芜

1. 生涯规划促进学习动力系统的建立

生涯规划的最高价值是提高人的自我控制力，使学习者有目标地学习，有计划地发展。

当前，很多大学生对“生涯规划”存在误解，认为就是帮助学生进行职业认识和选择。这样的认识，远远不能概括生涯规划的全部价值。首先，生涯规划可以帮助学生建立一个学习的动力系统，帮助学生明确为谁而学，为什么而学，使他们更有目标地学习。

在生产力水平较低，人们普遍为生存和温饱挣扎、拼搏的时期，一般人的学习动力往往来源于摆脱贫困，满足人最基本的需要。但当生产力水平发展到一定程度，人们不需要为生存和温饱而忧愁的时候，则需要建立一个新的学习动力系统，这个动力系统就应该是人们对生命价值和生命意义的探索，人们不是为了活着而活着，而是为了“价值”和“意义”而活着。当前，我国还是发展中国家，两个动力系统在同时起作用，但对于一部分人来说，已需要第二个动力系统起作用，而这些人就是今天大学生中的大部分。因此，大学生们有必要通过生涯规划来唤醒自己对人生价值的追求。

2. 生涯规划的更高价值是人的幸福

如果一个人工作的内容正是自己喜欢的事情，那么他既可以倾情投入，又可以乐在其中，这时候的工作不是为了生存，而是为了获得成就与心灵的满足，从而使生活和生命的体验变得更加幸福。大学生在大学中非常重要的一个任务和目标就是要去寻找和探索，那些适合自己的、自己真正喜欢、可以终身乐此不疲地去享受的工作。这样的前提是必须“认识你自己”！通过“我是什么样的人”对自己进行全面分析，包括兴趣、气质、性格、能力、特长、身体状况、成长经历、教育水平、智力情况、价值观、情商以及潜能等，综合分析自己的优势和劣势，做到心中有数。简单来讲，就是要弄清楚自己是谁、想要什么、能做什么。同时，在自我探索的过程中，还应当借鉴他人的意见，这样才能得到比较客观、中肯的评估结论。同时“我想要的目标是什么”也举足轻重，在童话故事《爱丽丝梦游仙境》中，有这样一段对话，爱丽丝：“请你告诉我，我该走哪条路？”猫说：“那要看你去哪里？”爱丽丝回答：“去哪无所谓。”猫回答：“那么走哪条路也就无所谓了。”当一个人没有明确的目标的时候，不知道该怎么做，别人也无法帮到你！当自己没有清晰的目标的时候，别人说得再好也是别人的观点，不能转化为自己的有效行动。再次，还要明确“我能做什么”，这需要考虑自己的能力，只有充分认识并发挥自己擅长的一面，才能在未来的工作中游刃有余地展示自我。最后还要客观认识到“环境支持或允许我做什么”，如自己所在地域的特点和人文环境。还需要充分把握和利用外界的各种资源和社会关系，如家庭、亲属、朋友和同学等社会关系，清楚哪些社会关系可以为自己的职业发展铺路架桥，怎样才能充分调动各方面的积极因素，更好地为职业生涯规划服务。

3. 生涯规划的最高价值是提高人的自我控制力

大学生只有认识了自己，明确了目标，认清了客观现实，才能规划出对自己发展最有利的职业方向。这样的方向使大学生有目标地学习，有计划地发展。知道自己什么时候该做什么事，用规划来督促自己、评估自己，让自己的生命更有价值而不会荒芜。

爱的誓言

拓展资源

愚蠢的选择

某高校一名18岁的通信工程专业大一的学生，在学校宿舍跳楼自杀，其原因是父母没有给其购买电脑。该生出生在北方的一个农村家庭，父母年事已高在家务农，几亩薄田就是全家的生活来源，当考上大学时，是通过学校绿色通道进入学校的。该名学生平时比较好强，活泼好动，与其他同学相处融洽，在做心理测试时，一切正常。事情发生的当天，该同学给家里打过电话，内容大概是如果不买电脑，就跳楼给你们看，其父亲也是气愤之余回了一句那你就跳吧。就这样，一个年仅18岁的生命就结束了。了解到有关情况，该同学在跳下楼后，倒在地上还在求救，也就是说，如果生命可以重来，相信他不会做出这样愚蠢的选择。可是生命只有一次。事后，有许多同学都为他感到惋惜，实际上，班上还是有许多同学没有电脑，但学习成绩非常优异。

这个案例说明，这位同学进入大学后没有了明确的目标，对自己的行为失去了理智的思考。大学期间，正是大学生形成人生观的关键时期，是大学生步入成熟但是又未真正成熟的阶段，生涯规划对大学生生命观、价值观的形成和发展都起着非常大的影响作用。有了人生的规划，有了正确的人生观价值观，才能更加勇敢地去直面生活和学习中的各种失败、困境和挫折，提升生命的价值。

二、在创新创业中展示精彩人生

人的发展与社会的发展是息息相关的，随着社会的发展，社会对人的发展也提出了新的要求。在当今经济高速发展、科技再攀高峰的社会背景之下，自主创新能力成为衡量人才的一个重要标准。然而，我国传统教育培养出来的人才与创新型人才还有很大差别。于是，顺应时代要求，在新要求、新环境下培养创新精神和能力，可以绽放生命的精彩。

（一）把握创业精神的实质

1. 创业的概念

创业，《辞海》中的定义为：创立基业。“基业”是指事业的基础。《现代汉语词典》的解释是：创办事业，“事业”是指人所从事的，具有一定目标、规模和系统并对社会发展有影响的经济活动。创业有广义和狭义之分。广义的创业是指人类的创举活动，或者带有开拓、创新并有积极意义的社会活动。这种活动可以是盈利的，也可以是非盈利的，可以是经济方面的，也可以是政治、军事、文化、科学、教育等各个领域的。只要是人们以前没有做过的，对社会产生积极影响的事业，都可以说成创业。另外，从更广义上来理解，一个人根据自己的性格，兴趣、知识与能力等选择自己的角色、职业和工作岗位，在这一岗位上创造性地发挥自己的特长和才干，实现个人价值并为社会带来财富的活动，都属于创业，因而，职业也有岗位创业的含义。狭义的创业特指个人或团队自主创办企业，其定义为：创业个人或创业团队通过寻找和把握各种商业机会，投入以后的知识、技能和社会资本，调动并配置相关的资源，创建新企业，为消费者提供产品或服务，具有创新或创造性的、以增加财富为目的的活动过程。

2. 创业能力

一个人想要创业，必须有相应的创业能力作为保证，只有不断地提高自己的创业能力，才能迅速跨入创业之门。

创业能力，即具备开创基业的本领。具体来讲是“以智力活动为核心的具有较强的综合性和创造性的心理机能，是与个性心理倾向、特征紧密结合在一起的，在个性的制约和影响下形成并发挥作用的心理过程，是经验、知识、技能经过类化、概括化后形成的，并在创业实践活动中表现为复杂而协调的行为动作”。简言之，创业能力就是指一种能够顺利实现创业目标的特殊创造性解决问题的能力。创业能力不是一般的能力，是一种具有进取性、科学利用各种条件、善于捕捉机会、能全面把握国家政策和事物发展主要矛盾的综合协调分析能力。需要注意的是，创业能力不是一个人先天的潜能，也不具有遗传的特征。创业能力也不等同于我们所说的专长。或者说："一个人可以是知识渊博、学富五车的专家、学者，但不一定具有创业能力。"因此要判断一个人是否有创业能力，要看其是否具有以下一些基本特征：①具有顽强拼搏的精神；②极强的个人凝聚力；③前瞻性的判断力，同时富有冒险精神；④具备超众的控制能力；⑤具有敢为人先的创新能力和强大务实的操作能力；⑥具有良好的身体素质。

同时，创业能力还包含创业团队建设的能力。陈可辛执导的《中国合伙人》以新东方"三驾马车"俞敏洪、徐小平、王强为原型，讲述了"土鳖""海龟"和"愤青"白手起家的创业故事。影片中，虽然男主角喊出了"千万别跟最好的朋友合伙开公司"的悲酸心声，但是，创业路上，合伙人的奋斗、坚持、辛酸、失败、快乐告诉我们，中国需要创业精神，需要团队精神。创业能不能成功，创业团队起着至关重要的作用。

在创业初期，创业机会对于每个人是不均等的，获得机会的多少也与每个人自身的素质和能力有关。素质越高，能力越强，所能发现的机会就越多，把握机会的概率就会越大。一旦进入创业过程，创业者的能力将直接影响到创业成功与否。

3. 创业精神

创业精神，又被称为"企业精神"，管理学专家彼得·德鲁克称创业者是主动寻求变化，对变化做出反应并将变化视为机会的人。哈佛商学院的看法是：创新精神是一个人不以当前有限的资源为基础而寻求商机的精神。在他们看来，创新精神代表着一种突破资源限制，通过创新来创造机会、创造资源的行为。它如同一种能够持续创新成长的生命力，维系着新企业由被创之初的步履蹒跚到步伐坚定。在创业者个体层面，它表现为在创业激情的支撑下，寻找并把握创业机会继而把机会变成现实。在这一过程中，创业者胆大心细，永不言弃。在创业组织层面，创业精神表现为以群体的力量追求共同的目标，以并肩前进的情愫生化成荣辱与共的情怀。综合起来，创业精神应当包括两个方面的含义：一是精神层面，代表一种价值观念和思维方式；二是物质层面，代表一种混乱中的清晰思路，于无序中发现机会并投入创建企业过程中的行为。

创业精神是任何企业发展壮大的精神准则，是发自内心、不可抑制甚至是自发的一种原动力，正是这种原动力，沃尔玛前总裁山姆沃尔顿在生命的最后几天，还与顺便探望他的一位商店经理讨论销售数据；中华生活网的 CEO 邵玉鹏坚信"在创业者的字典里，没有'不可能、行不通、办不到'等字眼，创业者要把每一天的奋斗化作冲洗高山的雨滴、蚕食猛虎的蚂蚁、普照大地的星辰，以点点滴滴的坚持铸就成功的殿堂！"创业精神是一个企业成员共有的特质，是每个企业，每位成员在任何时候都应该具备的精神。因为这种共有，他们能共享思想资源，能在企业发展的征途上风雨兼程。一直保持快速成长态势的何九思软件老总王海波说："创业精神"是支持我们创业团队在激烈的市场环境中生存和发展的重要力量，很多同事在创业初期团结协作、开拓创新，在困难时期，甚至自愿领取折扣收入，为九思软件的生存提供了保障。企业需要这样一个齐心协力并肩作战的团队，同舟共济、不畏艰辛的创业精神是一个企业成功的基石。

大学生创业首先需要有坚定的创业信念，要有创业成功的自信，还要有创业的责任感——上为国家做贡献，下为自己谋出路。还要有在逆境中创业永不言败的创业精神，才能造就壮丽的创业人生。其次，还需要有积极的创业心态，包括要拥有巨大的创业热情，要清楚内心的障碍，要努力克服困难，变不可能为可能。再次，要有顽强的创业意志，百折不挠，把创业行为坚持到底，达到目的，创业意志包括目的明确、决断果敢和具有恒心和毅力。最后，还需要有创业的个性，敢于冒险，走前人没有走过之路，还要独立自主地解决困难和问题，不受外来因素干扰。

善爱我大学生心理健康教育活动启动仪式

拓展资源

黄恺的创业故事

风靡全国的中国最成功的桌游《三国杀》，其创始人黄恺是一位标准的大学生创业者。黄恺2004年考上中国传媒大学动画学院游戏设计专业，他在大学时期就“不务正业”，模仿国外桌游设计了具有中国特色、符合国人娱乐风格的桌游《三国杀》。2006年10月，大二的黄恺开始在淘宝网上贩卖《三国杀》，没想到大受欢迎，而毕业后的黄恺并没有任何找工作的打算，而是借了5万元注册了一家公司，开始做起了桌游生意。2009年《三国杀》线上正式开放封闭测试。2010年，《三国杀》正版桌游售出200多万套。粗略估计，《三国杀》迄今至少给黄恺带来了几千万元的收益，并且，随着《三国杀》品牌的发展，收益还会继续增加。黄恺把桌游融入了中国特色的元素，并带领其团队成立工作室、开网店最后成立公司。他的成功来自于他的想象力和行动力，敢想并敢抓住机会！

（二）创业中开启生命的光彩

1. 创业成就最有价值的人生

张朝阳、俞洪敏、马云、李开复、范旭东、丁磊、比尔·盖茨、乔布斯、洛克菲勒等这些如雷贯耳的名字都是人们心目中的偶像，其中还有影响世界、改变人类文明进程的人物。他们身上有一个共性——创业者，他们的人生是创业的人生，也是最有价值的人生。这些成功者通过自己的努力积累了巨大的财富，更通过自己的创造性劳动或开发的创新性产品和服务极大地促进了人类生活的改善；有的创业家甚至慷慨地回报社会，给人类增添无与伦比的福祉。比尔·盖茨、巴菲特、洛克菲勒等人将自己大部分的财产捐赠社会的事迹成为全世界的佳话。伟大的创业者们开创了自己与众不同、灿烂辉煌的人生，也开创了崭新的世界，是人类经济与社会发展最伟大的动力。通过考察1970～1985年的美国经济，德鲁克指出：“在过去的10～15年里出现在美国境内的创业型经济形态是近代经济与社会史上所发生的最重要、最能给人希望的事件。”

2. 创业可以充分发挥自我才能

许多上班族工作积极性不高，总是感到职业倦怠，很重要的原因之一是一个人的想法、创意得不到肯定，往往怀才不遇，个人的才能无法充分发挥，工作缺乏成就感。在创业的过程中，创业者可以感受到无穷的变化，遇到无数的挑战和机遇，这个过程本身就是令人激动的，创业者在此过程中，不断挑战自己，冲破重重困难，达到成功，这个过程是一种丰盛的人生体验，创业助人摆脱原有的羁绊，充分发挥和施展自己的才华，发挥自己最大的潜能，提高个人价值。苹果公司的前首席执行官兼创办人史蒂夫·乔布斯，曾经被评为“最成功的管理者”，他就是用自己的创意、伟大的目标、处变不惊的领导风范，铸就了苹果企业文化的核心内容。苹果公司的雇员对他的崇拜可以用狂热来形容，甚至对外面的人自豪地说：我在为乔布斯工作！

3. 创业使个人有机会和实力回馈社会，具有极高的价值感

工薪阶层以稳定著称，其收入虽然有高有低，但都比较有限，没有太多的提升空间。而解决这一困扰的途径之一就是，开创一份完全属于自己的事业，它为创业者提供的利润是没有极限的。据资料统计，在美国福布斯富人榜前 400 名富人中，75%是第一代的创业者。创业者创造的企业，一方面为社会提供了产品或服务，一方面为个人、社会创造了财富。企业融入社会再生产的大循环之中，从多个环节中为国家和社会做出贡献。这种贡献使得创业者个人能够从中收获巨大的成就感。重要的是，在这个过程中，创业者可以不断积累经验，为日后的成功和长足的发展奠定根基。创业更能使人做自己喜欢的事并从中获得乐趣，能够激励自己不懈怠、不骄傲、一路踏踏实实地走下去。美国《福布斯》杂志在 1995～2007 年连续 13 年把盖茨列为全球首富，盖茨夫妇曾打算去世后留给 3 个子女数百万美元遗产，而将 580 亿美元的个人资产悉数捐给慈善基金会，致力于在全球推广卫生和教育项目，时下已经成长为美国规模最大的民间慈善机构。盖茨说，“我们希望把它回馈社会，确保它产生最积极效应”。

（三）澄清创业的误区

据调查，超过一半的大学生创业最终都以失败告终，创业成功与失败的关键并非能力，其实很多创业者之所以不能成功，除了经验不足，就是考虑不周，也就是存在一些思想上的认知误区。

1. 创业就是开店、开公司

提到创业，很多同学就会想到，一定是开个网店或者注册一个公司，这样的行为才是叫创业。这样的认识是非常狭隘的，我们前面提到过，从广义上来看，只要是人类的创举活动，或者带有开拓、创新并有积极意义的社会活动，只要是人们以前没有做过的，对社会产生积极影响的事业，都可以说成创业。格力集团董事长董明珠就指出：“中国十几亿人口，绝大多数人不是靠自己开一个公司实现创业，而是在不同的岗位上，在平凡的岗位上，来做出自己最大的贡献，这同样是创业。”在格力，有一名叉

车工，为了提高货物摆放的精准度，他甚至练习了用叉车开啤酒、穿针的绝活。作为一家世界五百强企业的董事长，常有人在招聘的时候问她，“我没有文凭，什么也不会，我能做个成功的人吗”？董明珠的回答也很简单，如果你愿意在普通的岗位上做到极致，带动周围的人，就是成功。

所以，所谓创业，绝非是创造一家公司，开一个网店那么简单，其真正的内涵是：只要你在每一个岗位上用心去做，创造性地发挥自己的才能，就能成为一个最好的创业者，就会有更多的智慧，能够在创新的实践当中，得到社会的充分认可。

2. 认为创意胜过一切

有人认为，创业，好的创意是成功的关键，觉得只要自己有足够的知识，有好的点子，就能够取得胜利。针对这样一个误区，李开复认为，“点子改变一切的情况在现实生活中其实很少见。点子不是最值钱的，如果让投资者在‘创意’和‘创业人’之间选择其一的话，肯定有更多投资者选择后者”。创业人身上包含了所谓的非智力因素，包括创业方向、人的性格、创业团队及执行力等。

3. 信奉个人主义

当今大学生的年龄基本上都在 25 岁以下，这样一群人有“个性化”的特点，他们的社会与人生经验都不足，且处于热血沸腾的感情阶段，更加看重个人能力，所以在团队组建、队内分工、规则制度建设等需要体现“人与人合作的”工作中，大学生创业者往往出现“一人是龙，二人是虫”的情形。纵观当前时代发展，社会分工越来越细，任何创业者想依靠单打独斗而胜利的可能性已经降得很低了。另外，还有一些人会有一种“拥有”情结，不重视合作与分享，这正是创业大忌。中关村中小微企业众多，大多难以做大，稍微大一点的就要裂变，究其根源在于观念。创业团队一定要合力把饼做大。有名创业者曾深感痛惜地说：“我的失误在于当初把股份看得太重，该进来的人没有进来，所以企业至今还是一块小饼。”所以，靠个人主义就能取得成功的误区，会严重影响到在创业过程中的团队的合作，也势必影响到创业的胜利和长远的发展。

4. 擅长创业比赛就是擅长创业

创业比赛对激发大学生的创业热情无疑有重大的作用。目前国内的创业比赛一般分为两个步骤：一是“写”，即包括项目介绍、市场分析、战略分析、营销设计、人力资源管理、财务分析、风险分析、CIS 设计等，强调规范性和专业性；二是“说”，即以现场答辩的形式展示团队创业风采。近年来在上述“写”和“说”的基础上，部分比赛增加了“练”的环节，即实战演练，如发放等额的现金，在断绝与外界联系的前提下，考察各团队单位时间内的盈利能力。创业比赛要求的创业计划书固然可以帮助创业者梳理创业思路，而创办公司不同于参加创业比赛，不少豪情万丈的创业梦想最终走不出创业比赛，仍然是纸上谈兵。尽管不少大学生创业者最初是通过创业比赛脱颖而出的，但并非所有的创业比赛优胜者最终都能成为成功的创业者。用创业比赛的成果指代大学生创业的成果，用创业比赛的能力衡量大学生创业的能力，某种程度上是对大学生创业的误读。

5. 启动资金一定要充足

在现实生活中，因财力不到位而“夭折”的企业不在少数。调查显示，大学生创业失败的主要原因之一也是资金不足。对于很多创业者来说，在创业过程中会把很多阻碍和问题归结于资金问题，很多创业者不屑于从小本买卖起家，上来就瞄准成立大公司大项目，四处筹钱贷款，一开口就是需要几百万的创业资金，启动资金固然很重要，但是人的思维更重要，那些白手起家的人就是榜样：沃尔玛是由一个小店起家，现在拥有4000多家连锁店；当年苹果在乔布斯自己的汽车房创立，如今苹果在全球几十个国家建立了分公司或代表机构。只有知道如何节约开支将钱花在最需要的地方并不断地找到资金作为补充，才能实现发展。所以，资金不足并不是创业的绝对障碍。

（四）增强创业旅程的收获

不管资源准备得如何充分，我们都不能预见创业后出现的所有问题。任何一个创业者也不可能将所有问题找到答案后才去创业。创业需要摸着石头过河，一步一步在实践中摸索。在这个过程中，如何把握好政策，整合好各方资源能增加创业过程中的收获。

1. 政府资源整合

如果想创业，首先要知道当下创业的时代背景及国家的政策要求。它们如同助力器，可以助创业者一臂之力。

联合国科教文组织于1998年10月在巴黎召开的世界高等教育会议上发表了《21实际高等教育：展望与行动世界宣言》，其中明确地指出，“高等教育必须将创业技能和创业精神作为高等教育的基本目标，为了方便毕业生创业，高等教育应主要关心培养创业技能和主动精神”，要使高校毕业生“不仅是求职者，而首先成为工作岗位的创造者”。因此，鼓励和支持大学生创新、创业，推进大学生创新创业活动显得尤为重要。2015年5月，党的十八届三中全会印发了《国务院办公厅关于深化高等学校创新创业教育改革的实施意见》提出：“健全促进就业创业体制机制”，涉及青年学生的就业问题，体现了党中央对大学生创新创业精神与能力培训的重视。纵观大学生创新创业政策，体现了三大转变。第一，大学生创业政策逐渐由教育领域向经济社会领域辐射。起初一直以高等院校为重心来培养学生创新、创业精神和能力，到现在国家出台具体的措施，包括税费减免措施、小额贷款措施、补贴创办高新技术产业的企业等，允许鼓励社会力量扶持大学生创业，积极组建大学生创业园区、大学生创业孵化器，设立专门的大学生创业服务部门，各个领域多管齐下。第二，国家支持大学生创业的政策工具和方式呈现多样化发展，期初，政府主要通过教育宣传推广创业文化，开展创业教育，随着政府对该问题重视程度的提高，逐渐在补贴与管制上更具针对性。第三，相关的大学生创业政策由行政法规、规章上升到法律层面，各地方也出台很多各具特色的法规，这些不仅让大学生创业有法可依，也为日后日益完善的创业支持体系做铺垫，从而更有效地促进创业行为。

这样的一个背景，标志着我们已经进入一个“全民创新、万众创业”的时代，在这样的时代里，大学生不能置身事外，而应乘风破浪，抓住机会，有所作为。同时，大学生还需要关注和整合政府资源，借政府政策之力，为自己的创业提供保障。

2. 行业资源的整合

做自己熟悉的行业，掌握这个行业的各种关系网，能提高自己的创业成功率。有效的行业资源整合需要一定的技巧：①整合行业资源，了解掌握该行业的各种关系网，如业内竞争对手、供货商、经销商等，做到知己知彼，百战不殆。②把竞争对手变为合作伙伴。③行业资源与技术资源组合，做到“1＋1＞2”。

3. 人脉资源的整合

有一句流行语：“一个人能否成功，不在于你知道什么，而是在于你认识谁。”在知识经济的时代，人脉资源已成为专业的支持体系。专业加上人脉的结果是一分耕耘，数倍收获。人脉资源的整合原则是双赢：让他人快乐的同时也让自己获益。所以一定要整合健康的人脉资源，要以自己的人格魅力来积累。人脉资源整合需要把握以下几个要点。①长效性，只有注重平时的积累才能积攒更多的资源。事到临头才慌忙找人，大多不会有成效。因此工夫在平时，要为将来可能的人脉做好准备。②拓展性，经常维护人脉资源，不仅使情谊加固还能拓展新的人脉关系。③有限性，在认识的众多人中，真正能帮得上忙的也就几个。但并不意味着停止拓展人脉的步伐，在人脉的拓展中，不仅要有知人善任的洞察力，还要防止人情泛滥成灾。

4. 人才资源整合

人才整合的一条途径是人才培养。在创业过程中，要创建完善的激励机制体系，充分发挥员工的潜能；定期培训员工，提升员工的技能和素养；尊重并善待员工。人才资源整合的另一条途径就是充分利用“外脑”，如科研院所、大专院校等。

5. 信息资源的整合

信息时代，对信息资源的要求很高，有的时候，信息资源是成功创业的机遇。那么，如何在最有效的时间内获得最有效的信息？首先，要了解分析。对创业者而言，信息是不对称的，了解分析包括竞争对手、政府、行业、客户等在内的周边变化信息，我们才能做到知己知彼。其次要搞好信息资源规划，根据分析建立集成化信息系统的功能模型。最后再实施通信计算机网络工程、数据库工程和应用软件工程的一个系统化的企业信息化解决方案，以使企业高质量、高效率地建立高水平的现代化信息网络，实现信息化建设的跨越。

6. 技术资源整合

在创业初期，创业技术是很关键的资源。创业企业成功的关键是寻找成功的创业技术。它决定创业产品的市场竞争力和获利的根本因素，保持和维持企业的正常运行。

创新创业，使我们能感受到生活充实，在生活追求中也有了明确的目标，生命的价值于不断追求、努力进取中大放异彩。

拓展资源

创业者的思考

（1）你打算创业吗？
（2）你有什么动机开始创业？
（3）你能长时间地保持创业激情吗？
（4）你能承受创业初期的风险吗？
（5）你最崇拜的创业者是谁？
（6）你能从他的经历中说出他的三个创业精神吗？
（7）你有信心超越他吗？
（8）你将如何培育自己的创业精神？
（9）请分享一句你最喜欢的创业名言。
（10）请分享一个你最喜欢的创业故事。

参 考 文 献

埃里克・贝特朗・拉森. 2015. 你远比想象中强大. 王岑卉译. 北京：北京联合出版公司.

艾伦・范恩，丽贝卡・梅里尔. 2015. 潜力量：GROW教练模型帮你激发潜能. 王明伟译. 北京：机械工业出版社.

安东尼・罗宾. 激发无限潜能. 杨茂蒙译. 北京：光明日报出版社.

戴维・迈尔斯. 2012. 魅力何来：人际吸引的秘密. 北京：人民邮电出版社.

戴维・迈尔斯. 2014. 社会心理学. 北京：人民邮电出版社.

戴尔・卡耐基. 2014. 沟通正能量. 石贤译. 北京：北京理工大学出版社.

弗洛姆. 2013. 自我的追寻. 上海：上海译文出版社.

菲尔・奥莱・C. 2015. 目标感—28天养成卓越认识的思维和行动模式. 林秀兰译. 北京：人民邮电出版社.

霍尔沃森. 2013. 成功、动机和目标. 汤珑译. 南京：译林出版社.

哈里・巴尔肯. 2013. 身体语言密码. 北京：新世界出版社.

宁维卫. 2009. 大学生发展与健康心理学. 成都：西南交通大学出版社.

宁维卫. 2015. 做阳光青年：心理健康导航. 成都：西南交通大学出版社.

佩格・斯特里普，艾伦・伯恩斯坦. 2014. 放弃的艺术. 黄延峰译. 北京：中信出版社.

沈之菲. 2015. 激活内在的潜能：学生创新素养的评价和培养. 上海：华东师范大学出版社.

泰斯. 2007. 聪明的谈话：激发你潜能的5步法. 罗汉，方燕译. 上海：上海人民出版社.

约瑟夫・P. 福加斯. 2012. 社会交际心理学. 张保生译. 北京：中国人民大学出版社.

杨昌顺. 2013. 接纳自己，就接纳了世界. 天津：天津教育出版社.

张德芬. 2012. 活出全新的自己. 长沙：湖南文艺出版社.

张德芬. 2012. 遇见未知的自己. 长沙：湖南文艺出版社.

郑全全，余国良. 2011. 人际关系心理学. 北京：北京人民教育出版社.